KB214634

전광훈 목사 설교 시리즈 Light 04

성경의 원리를 알자

전광훈 목사 설교 시리즈 Light 04

성경의 원리를 알자

Jun Kwang Hoon

전광훈 지음

NEWPURITAN
PUBLISHING

들어가는 말

/

하나님이 천지를 창조하시고 예수 그리스도가 재림하기 전까지 하나님의 영원한 소원은 인간이 성경을 제대로 아는 것입니다. 우리는 흔히 명문 대학 진학, 대기업 취직, 자녀 결혼, 사업 성공 등을 놓고 하나님에게 기도로 구합니다.

하지만 하나님으로부터 오는 응답은 딱 한 가지입니다.

"네가 그것을 원하느냐? 그렇다면 성경을 알라."

하나님은 성경을 모르는 사람을 상대하시지 않습니다. 하나님은 성경을 모르는 사람과는 함께 일하실 수도, 축복해 주실 수도 없습니다. 아무리 많은 일을 맡고 많은 축복을 받아도, 성경을 모르는 사람에게는 그 모든 것이 저주가 되기 때문입니다.

반면에, 하나님은 무슨 일을 하는 어느 사람이든 성경을 아는 사람을 가만두지 않으시고 당대 모든 분야에서 최고의 자리에 올려놓으십니다. 하나님은 성경이 열린 사람에게 기도의 응답을 주시고, 성경이 열린 사람을 밀어주십니다.

인류 역사에 기여한 사람들은 성경의 옷자락이라도 잡은 사람들이었습니다. 정치의 조지 워싱턴과 아브라함 링컨, 경제의 록펠러, 군사의 더글러스 맥아더, 그리고 대한민국의 이승만 건국 대통령까지, 하나님은 성경의 옷자락이라도 잡은 사람을 그 시대에 최고의 자리에 올려놓으셨습니다.

성경에 대해 조금이라도 알면, 하나님은 그 사람을 등불 위에 세우십니다. 그렇다면 성경이 열리기 위해서는 성경의 원리가 무엇인지 바로 알아야 합니다.

전광훈 목사 드림

목차

01

/

성경의 원리를 알자

창세기 1장 1-31절

¹태초에 하나님이 천지를 창조하시니라 ²땅이 혼돈하고 공허하며 흑암이 깊음 위에 있고 하나님의 영은 수면 위에 운행하시니라 ³하나님이 이르시되 빛이 있으라 하시니 빛이 있었고 ⁴빛이 하나님이 보시기에 좋았더라 하나님이 빛과 어둠을 나누사 ⁵하나님이 빛을 낮이라 부르시고 어둠을 밤이라 부르시니라 저녁이 되고 아침이 되니 이는 첫째 날이니라 ⁶하나님이 이르시되 물 가운데에 궁창이 있어 물과 물로 나뉘라 하시고 ⁷하나님이 궁창을 만드사 궁창 아래의 물과 궁창 위의 물로 나뉘게 하시니 그대로 되니라 ⁸하나님이 궁창을 하늘이라 부르시니라 저녁이 되고 아침이 되니 이는 둘째 날이니라 ⁹하나님이 이르시되 천하의 물이 한 곳으로 모이고 뭍이 드러나라 하시니 그대로 되니라 ¹⁰하나님이 뭍을 땅이라 부르시고 모인 물을 바다라 부르시니 하나님이 보시기에 좋았더라 ¹¹하나님이 이르시되 땅은 풀과 씨 맺는 채소와 각기 종류대로 씨 가진 열매 맺는 나무를 내라 하시니 그대로 되어

¹²땅이 풀과 각기 종류대로 씨 맺는 채소와 각기 종류대로 씨 가진 열매 맺는 나무를 내니 하나님이 보시기에 좋았더라 ¹³저녁이 되고 아침이 되니 이는 셋째 날이니라 ¹⁴하나님이 이르시되 하늘의 궁창에 광명체들이 있어 낮과 밤을 나뉘게 하고 그것들로 징조와 계절과 날과 해를 이루게 하라 ¹⁵또 광명체들이 하늘의 궁창에 있어 땅을 비추라 하시니 그대로 되니라 ¹⁶하나님이 두 큰 광명체를 만드사 큰 광명체로 낮을 주관하게 하시고 작은 광명체로 밤을 주관하게 하시며 또 별들을 만드시고 ¹⁷하나님이 그것들을 하늘의 궁창에 두어 땅을 비추게 하시며 ¹⁸낮과 밤을 주관하게 하시고 빛과 어둠을 나뉘게 하시니 하나님이 보시기에 좋았더라 ¹⁹저녁이 되고 아침이 되니 이는 넷째 날이니라 ²⁰하나님이 이르시되 물들은 생물을 번성하게 하라 땅 위 하늘의 궁창에는 새가 날으라 하시고 ²¹하나님이 큰 바다 짐승들과 물에서 번성하여 움직이는 모든 생물을 그 종류대로, 날개 있는 모든 새를 그 종류대로 창조하시니 하나님이 보시기에 좋았더라 ²²하나님이 그들에게 복을 주시며 이르시되 생육하고 번성하여 여러 바닷물에 충만하라 새들도 땅에 번성하라 하시니라 ²³저녁이 되고 아침이 되니 이는 다섯째 날이니라 ²⁴하나님이 이르시되 땅은 생물을 그 종류대로 내되 가축과 기는 것과 땅의 짐승을 종류대로 내라 하시니 그대로 되니라 ²⁵하나님이 땅의 짐승을 그 종류대로, 가축을 그 종류대로, 땅에 기는 모든 것을 그 종류대로 만드시니 하나님이 보시기에 좋았더라 ²⁶하나님이 이르시되 우리의 형상을 따라 우리의 모양대로 우리가 사람을 만들고 그들로 바다의 물고기와 하늘의 새와 가축과 3)온 땅과 땅에 기는 모든 것을 다스리게 하자 하시고 ²⁷하나님이 자기 형상 곧 하나님의 형상대로 사람을 창조하시되 남자와 여자를 창조하시고 ²⁸하나님이 그들에게 복을 주시며 하나님이 그들에게 이르시되 생육하고 번성하여 땅에 충만하

라, 땅을 정복하라, 바다의 물고기와 하늘의 새와 땅에 움직이는 모든 생물을 다스리라 하시니라 [29]하나님이 이르시되 내가 온 지면의 씨 맺는 모든 채소와 씨 가진 열매 맺는 모든 나무를 너희에게 주노니 너희의 먹을 거리가 되리라 [30]또 땅의 모든 짐승과 하늘의 모든 새와 생명이 있어 땅에 기는 모든 것에게는 내가 모든 푸른 풀을 먹을 거리로 주노라 하시니 그대로 되니라 [31]하나님이 지으신 그 모든 것을 보시니 보시기에 심히 좋았더라 저녁이 되고 아침이 되니 이는 여섯째 날이니라

성경은 구약 39권, 신약 27권으로 모두 66권입니다. 66권의 성경이 완성된 것은 약 2천 년이 됐습니다. 그리고 인류의 역사를 살펴보면, 2천여 년 동안 많은 사람들이 성경을 연구하고 해석했습니다. 시대마다 신학자들, 목사님들이 여기에 생명을 걸고 성경을 연구하고 해석했습니다. 도대체 성경이 무엇이기에 그런 걸까? **"성경이 무엇일까?"**

서점에 가면, 종교 부분에 성경 연구에 대한 책들이 굉장히 많이 있습니다. 신학자들과 목사님들이 나름대로 성경을 연구하다가 뭔가 그 안에서 조그마한 빛을 발견하고 그것을 전달하기 위해서 쓴 책들입니다. 그런데 성경을 연구할수록, 책을 읽을수록 성경의 내용이 점점 더 깊은 미궁에 빠지는 경험을 하게 됩니다. 성경이 "이건 이거다" 하고 명확하게 이야기하지 않고 안 보여주기 때문입니다.

하나님은 성경을 모르는 사람은 상대하지 않습니다. 하나님은 성경을 모르는 사람과는 함께 일하실 수도, 축복해 주실 수도 없습니다. 아무리 많은 일을 맡고 많은 축복을 받아도, 성경을 모르는 사람에게는 그 모든 것이 저주가 되기 때문입니다. 반면에, 하나님은 성경을 아는 사람이라면 그 사람은 무슨 일을 하든지 그를 가만두지 않으시고 당대 모든 분야에서 최고의 자리에 올려놓으십니다. 하나님은 성경이 열린 사람에게 기도의 응답을 주시고, 성경이 열린 사람을 밀어주십니다.

하나님이 쓰시는 사람

성경을 조금이라도 아는 사람은 하나님이 축복하십니다. 인류의 역사를 돌아보면, 성경의 옷자락이라도 잡은 사람은 하나님이 그 시대에 가만두지 않았습니다. 역사적으로 성경이 열린 사람들은 당대 최고의 자리에 올라갔습니다. 첫째, 예술 영역에서 정점을 찍은 사람들이 있습니다. 로마의 시스티나 성당의 천장화를 그린 미켈란젤로의 천지창조를 가리켜 사람들은 신의 작품이라고 말합니다.

또 음악의 대가인 바흐, 모차르트, 그리고 베토벤이 뿜어낸 모든 악상과 리듬들은 전 세계의 음악 역사에 한 획을 그었습니다. 이들은 모두 성경과 관계를 맺은 사람들이었고, 그들이 표현한 모든 예술은 성경을 통해 흘러나온 겁니다.

둘째, 과학 영역에서 정점을 찍은 사람들이 있습니다. 만유인력을 발명한 뉴턴과 전기를 발명한 에디슨은 모두 어릴 때부터 부모님께 성경을 배운 인물들입니다. 그들이 깨달은 것은 공부를 하면 할수록 자신의 부족함을 깨닫고 하나님을 알게 된 겁니다. 어느 시대든 성경은 성경과 연관 있는 사람에게 지혜와 지식을 제공합니다.

셋째, 문학 영역에서 정점을 찍은 사람들이 있습니다. 문학은 크게 두 부류로 나뉩니다. 하나는 러시아의 문학, 다른 하나는 서양의 문학입니다. 러시아와 전 세계의 문학에 획을 그은 톨스토이가 있습니다. 성경 없는 톨스토이를 생각할 수 없을 정도로, 그의 문학에는 성경이 흐릅니다. 서양의 문학에 획을 그은 셰익스피어와 C.S. 루이스 역시 성경이 열린 자들이었습니다.

넷째, 정치 영역에 정점을 찍은 사람들이 있습니다. 조지 워싱턴을 비롯한 미국의 역대 대통령들이 있습니다. 대표적으로, 민주주의를 만든 아브라함 링컨이 "By the people, of the people, for the people(국민의, 국민에 의한, 국민을 위한)"을 말했습니다. 이것이 어디에서 나왔는지 아십니까? 골로새서 1장 16~17절을 읽어봅시다.

"만물이 그에게 창조되되 하늘과 땅에서 보이는 것들과 보이지 않는 것들과 혹은 보좌들이나 주관들이나 정사들이나 권세들이나 만물이 다 그로 말미암고 그를 위하여 창조되었고 또한 그가 만물보다 먼저 계시고 만물이 그 안에 함께 섰느니라"(골 1:16-17).

사도 바울이 "By Christ, of Christ, for Christ(그리스도의, 그리스도에 의한, 그리스도를 위한)"이라고 한 것을 보고 링컨이 이야기한 겁니다. "Christ(그리스도)"가 "People(국민)"로 바뀐 겁니다. 평소 읽던 성경의 말씀이 링컨의 입 밖으로 나온 것이고, 이것이 링컨을 있게 만든 겁니다.

한국 정치의 대가인 이승만 대통령은 대한민국의 존재의 근원입니다. 그는 당시 1900년 초에 조지워싱턴대학에서 학사를 받고, 하버드대학에서 석사를 받고, 프린스턴대학에서 박사학위를 받았습니다. 그는 1945년 10월 16일에 한국에 들어와 대한민국을 만든 사람입니다. 자유민주주의, 자유시장경제, 한미동맹, 기독교 입국론의 네 가지 기둥으로 대한민국을 건국한 사람입니다. 이승만 대통령 덕분에 대한민국은 북한 사람처럼 김일성의 독재 정권이 아니라 자유민주주의 국가로 살 수 있게 된 겁니다.

하지만 한국 사람들은 이승만 대통령에 대해 잘 모르고 있습니다. 이 나라를 만든 이승만 초대 대통령을 지지하는 사람이 3%밖에 되지 않습니다. 그만큼 전교조, 주사파, 종북 좌파에 의해 국민들이 세뇌되었기 때문입니다. 건국한 대통령을 국민의 3%만 지지하는 나라는 대한민국밖에 없습니다.

이승만 대통령과 당대에 함께 일했던 세계적인 사람들은 이승만 대통령에 대해 무슨 말을 남겼는지 아십니까? 영국의 처칠 수상의 자서전에서 이렇게 말했습니다.

"국제사회에서 가장 다루기 어려운 사람이 이승만이다. 아시아가 낳은 불여우다."

그뿐만 아니라, 미국에서 이승만 대통령을 상대했던 루스벨트 대통령, 아이젠하워 대통령, 트루먼 대통령 등 많은 지도자들은 이승만에 대해 이렇게 말했습니다.

"그는 정치가의 선을 넘었다. 그는 사회 운동가의 선을 넘었다. 그는 종교적 예언가의 수준에 도달했다."

이승만 대통령의 초월적 능력은 어디에서 왔을까요? 역시 성경입니다. 그는 한성감옥에서 영어로 된 성경을 다 읽을 뿐만 아니라 그곳에서 주님을 만났습니다. 그의 모든 능력은 성경에서 나온 겁니다.

다섯째, 경제 영역에서 정점을 찍은 사람들이 있습니다. 세계적인 자선사업을 이룬 록펠러는 성경의 삶을 살았습니다. 록펠러의 어머니가 죽기 전에 남긴 열 개의 유언을 보면 잘 알 수 있습니다.

열 개의 유언은 다음과 같습니다.
첫째, 하나님을 친아버지 이상으로 섬겨라.

둘째, 목사님을 하나님 다음으로 섬겨라.

셋째, 주일 예배는 본 교회에서 드려라.

넷째, 오른쪽 주머니는 항상 십일조 주머니로 하라.

다섯째, 아무도 원수를 만들지 말라.

여섯째, 아침에 목표를 세우고 기도하라.

일곱째, 잠자리에 들기 전 하루를 반성하고 기도하라.

여덟째, 아침에는 꼭 하나님 말씀을 읽어라.

아홉째, 남을 도울 수 있으면 힘껏 도우라.

열째, 예배 시간에는 항상 앞에 앉아라.

가난한 이민자 강철왕 카네기는 공장 직공의 전신국 직원으로 30살이 되기 전에 통찰력으로 철강 산업에 집중 투자했고, 결국 대박이 났습니다. 그의 통찰력과 담대함은 바로 성경으로부터 온 겁니다.

이들 모두 성경의 원리를 알았기에 하나님의 축복을 받았습니다. **"성경의 원리를 알자."** 여러분들은 매년 365일이라는 시간을 똑같이 받습니다. 이건 하나님이 모든 사람에게 주신 은혜입니다. 이걸 '일반은총'이라고 합니다.

하나님께 모두 365일을 받았지만, 각 사람마다 그 날이 똑같지 않습니다. 어떤 사람은 검은색이 되고, 어떤 사람은 하얀색이 됩니다. 또 어떤 사람은 빨간색이 되고, 어떤 사람은 황금색이 됩니다. 이게 무슨 말이냐? 같은 날이라도 그 날을 어떻게 보내느냐에 따라서 달라진다는 겁니다. 우리에게 똑같은 시간이 주어지더라도 성경의 원리를 알고 시간을 보내는 사람은 그날의 색이 달라진다는 겁니다.

하나님이 천지를 창조하시고 예수 그리스도가 재림하기 전까지 하나님의 영원한 소원은 인간이 성경을 제대로 아는 겁니다. 우리는 흔히 명문 대학 진학, 대기업 취직, 자녀 결혼, 사업 성공 등을 놓고 하나님에게 기도로 구합니다. 하지만 하나님으로부터 오는 응답은 딱 한 가지입니다. "네가 그것을 원하느냐?" 그렇다면 "성경을 알라"라는 겁니다.

성경은 무엇인가?

성경이란 무엇일까? 원래 성경은 **"모세"**가 쓴 겁니다. 모세가 쓴 5권을 성경이라 그럽니다. 그 5권이 **"창세기, 출애굽기, 레위기, 민수기, 신명기"**입니다. 원래 성경에서는 여호수아서는 성경이라고 안 합니다. 나머지 성경은 다 해설집이라 그럽니다.

지금도 유대의 랍비 학교나 쥬이씨 학교나 이스라엘 나라에 가면 '성경은 5권이다'라고 말합니다. 나머지 성경은 이걸 설명하는 해설집이라고 말합니다.

"모세"는 대단한 사람입니다. 구약의 대표자란 말입니다. 그런데 모세가 쓴 성경을 알아낼 사람이 없는 겁니다. 역사시대, 선지자시대, 다 지나가는데도 부분적으로 성경을 만집니다.

그러다가 성경의 원행을 알아낸 사람이 나타납니다. 바로 신약시대의 바울 사도입니다. 사도 바울이 성경이 무엇인지를 알아낸 인류 역사의 최초의 사람입니다. 성경은 모세가 썼고, 바울이 해석한 책입니다. 모세와 바울에 의해서 성경이 딱 구성돼 있단 말입니다.

그러면 모세란 사람이 어떻게 성경을 썼느냐 이겁니다. 읽어도 끝이 없고, 알려고 해도 알 수 없는 어려운 성경을 어떻게 모세가 썼을까? 출애굽기 24장 15-18절을 읽어봅시다.

"모세가 산에 오르매 구름이 산을 가리며 여호와의 영광이 시내산 위에 머무르고 구름이 육일 동안 산을 가리더니 제 칠일에 여호와께서 구름 가운데서 모세를 부르시니라 산 위의 여호와의 영광이 이스라엘 자손의 눈에 맹렬한 불 같이 보였고 모세는 구름 속으로 들어가서 산 위에 올랐으며 사십일 사십야를 산에 있으니라"(출 24:15-18).

이스라엘 백성을 이집트에서 이끈 모세가 **"시내산"**에 올라갑니다. 시내산 밑에는 일반 백성들이 있었고, 모세만 시내산에 올랐습니다. 하나님께서 모세를 거기로 부르셨기 때문입니다. 성경을 보면, 모세는 산 위에서 사십야를 있었습니다. 계속 해서 출애굽기 25장 8-10절을 읽어봅시다.

"내가 그들 중에 거할 성소를 그들을 시켜 나를 위하여 짓되 무릇 내가 네게 보이는대로 장막의 식양과 그 기구의 식양을 따라 지을찌니라"(출 25:8-10).

모세는 그곳에서 **"하늘의 식양"**을 봤습니다. 이 식양은 다른 말로 모형, 법, 제도, 설계도입니다. 구름이 덮이고 번개가 나고 번쩍번쩍하는 사이에 무슨 텐트 같기도 하고, 집 같기도 한 **"하늘의 모형"**을 봤습니다. 다른 말로 장막이라고도 하고, 여러분이 이해하기 쉽게 설명하자면, **"하늘의 설계도"**를 본 겁니다. 집을 짓는데 설계를 하듯이 하늘의 설계도를 보게 된 겁니다.

모세가 그것을 가지고 내려와서 한 것이 두 가지입니다. 하나는 모세오경이라는 **"성경"**을 기록했고, 다른 하나는 설계도를 보고 건축한 **"성막"**입니다. 성막 안에는 그 기구의 식양을 따라 지었습니다. 모세가 하늘의 설계도를 보고 땅에서 지은 것이 바로 성막이고, 쓴 것은 성경입니다. 여기서 말하는 성경이 모세오경인 창세기, 출애굽기, 레위기, 민수기, 신명기입니다.

그런데 몇 천 년 동안 모세가 쓴 성경과 성막을 알아낸 사람이 없었습니다. 성경을 부분적으로는 만지지만, 성경의 원형을 알아낸 사람이 없었습니다. 그런데 드디어 신약시대에 와서 인류 역사 최초로 모세가 기록한 성경과 지은 성막이 무엇인지 알아낸 사람이 등장합니다. 그는 바로 사도 바울입니다. 신약시대에 사도 바울이 모세의 성경을 해석한 겁니다.

그럼, 성경을 기록한 모세나 그것을 해석한 바울은 그 어떤 사람들보다 나은 사람일까요? 아닙니다. 저와 여러분보다 더 나은 사람이 아닙니다. 똑같은 인간입니다. 성정이 같은 사람입니다. 그런데 어떻게 이들이 알 수 있었을까요?

사도 바울은 **"셋째 하늘"**에 올라갑니다. 거기서 모세가 봤던 것을 보게 됩니다. 그걸 보면서 바울은 깨달은 겁니다.

'모세가 본 것이 바로 이것이구나!' 고린도후서 12장 1-7절을 읽어봅시다.

"무익하나마 내가 부득불 자랑하노니 주의 환상과 계시를 말하리라 내가 그리스도 안에 있는 한 사람을 아노니 십 사년 전에 그가 세째 하늘에 이끌려 간 자라 (그가 몸 안에 있었는지 몸 밖에 있었는지 나는 모르거니와 하나님은 아시느니라) 내가 이런 사람을 아노니 (그가 몸 안에 있었는지 몸 밖에 있었는지 나는 모르거니와 하나님은 아시느니라) 그가 낙원으로 이끌려가서 말할 수 없는 말을 들었으니 사람이 가히 이르지 못할 말이로다 내가 이런 사람을 위하여 자랑하겠으나 나를 위하여는 약한 것들 외에 자랑치 아니하리라 내가 만일 자랑하고자 하여도 어리석은 자가 되지 아니할 것은 내가 참말을 함이라 그러나 누가 나를 보는 바와 내게 듣는 바에 지나치게 생각할까 두려워하여 그만 두노라 여러 계시를 받은 것이 지극히 크므로 너무 자고하지 않게 하시려고 내 육체에 가시 곧 사단의 사자를 주셨으니 이는 나를 쳐서 너무 자고하지 않게 하려 하심이니라"(고후 12:1-7).

"여러 계시를 받은 것이 지극히 크므로." 사도바울이 올라가서 봤다는 겁니다. 출애굽기 24장 15-18절을 다시 읽어봅시다.

"모세가 산에 오르매 구름이 산을 가리며 여호와의 영광이 시내산 위에 머무르고 구름이 육일 동안 산을 가리더니 제 칠일에 여호와께서 구름 가운데서 모세를 부르시니라 산 위의 여호와의 영광이 이스라엘 자손의 눈에 맹렬한 불 같이 보였고 모세는 구름 속으로 들어가서 산 위에 올랐으며 사십일 사십야를 산에 있으니라"(출 24:15-18).

하나님이 모세를 부르시고, 모세가 시내산에 사십일 동안 있었다는 말입니다.

출애굽기 25장 8-9절도 다시 읽어봅시다.

"내가 그들 중에 거할 싱소를 그들을 시켜 나를 위하여 짓되 무릇 내가 네게 보이는대로 장막의 식양과 그 기구의 식양을 따라 지을찌니라"(출 25:8-9).

모세가 거기서 **"하늘의 식양, 설계도"**를 본 겁니다. 사도 바울이 셋째 하늘에서 그걸 보고 모세가 본 것이 바로 성막이고, 성경을 기록했다는 걸 알게 된 겁니다.

그럼 하늘의 식양의 주제는 뭘까요? 그건 **"그리스도"**입니다. 그래서 성경의 주제가 그리스도인 겁니다. 사도 바울은 바울 서신이라고 하는 신약 성경을 기록했습니다. 로마서부터 히브리까지 모두 열세 권입니다. 이 열세 권은 모세가 시내산에서 올라가서 보고 난 뒤에 땅에 내려와서 쓴 다섯 권 모세 오경에 대한 해석한 겁니다. 모세오경을 풀이하는 책이 바로 바울 서신입니다.

모세가 본 것을 똑같이 보고 건축한 것이 바로 **"교회"**입니다. 이 교회는 콘크리트 벽으로 만든 유형적 교회가 아닙니다. 교회론이란 교회를 만드는 겁니다. 교회가 무엇인가? 바울 서신 열세 권과 모세오경은 같은 겁니다. 그리고 바울이 쓴 교회론과 성막도 동일한 겁니다. 왜냐하면, 같은 걸 보고 땅으로 끌어내렸기 때문입니다. 성경을 읽을 때 하나님이 우리에게 주신 본질을 알아야 하는데, 많은 사람들이 본질이 아니라 자기 입맛에 맞게 해석하려고 합니다. 그렇게 하면 성경을 제대로 알지 못합니다. 성경이 뭔지를 모른단 말입니다. 성경의 원리를 제대로 알아야 그 안에 담겨진 하늘의 식양, 설계도를 볼 수 있습니다.

기도

"사랑의 하나님, 하나님께서 모세를 통해 보여주신 성경을 제대로 알게 하옵소서. 하늘의 식양, 하늘의 설계도를 보고 쓴 성경, 그리고 바울이 해석한 성경을 제대로 알게 하옵소서. 그리하여 성경의 원리를 깨닫고 하나님의 축복을 받게 하옵소서. 예수님의 이름으로 기도하옵나이다. 아멘."

02

/

하늘의 설계도

출애굽기 25장 1-40절

¹여호와께서 모세에게 일러 가라사대 ²이스라엘 자손에게 명하여 내게 예물을 가져오라 하고 무릇 즐거운 마음으로 내는 자에게서 내게 드리는 것을 너희는 받을찌니라 ³너희가 그들에게서 받을 예물은 이러하니 금과 은과 놋과 ⁴청색 자색 홍색실과 가는 베실과 염소털과 ⁵붉은 물들인 수양의 가죽과 해달의 가죽과 조각목과 ⁶등유와 관유에 드는 향품과 분향할 향을 만들 향품과 ⁷호마노며 에봇과 흉패에 물릴 보석이니라 ⁸내가 그들 중에 거할 성소를 그들을 시켜 나를 위하여 짓되 ⁹무릇 내가 네게 보이는대로 장막의 식양과 그 기구의 식양을 따라 지을찌니라 ¹⁰그들은 조각목으로 궤를 짓되 장이 이 규빗 반, 광이 일 규빗 반, 고가 일 규빗 반이 되게 하고 ¹¹너는 정금으로 그것을 싸되 그 안팎을 싸고 윗가로 돌아가며 금테를 두르고 ¹²금고리 넷을 부어 만들어 그 네 발에 달되 이편에 두 고리요 저편에 두 고리며 ¹³조각목으로 채를 만들고 금으로 싸고 ¹⁴그 채를 궤 양편 고리에 꿰어서 궤를 메게 하며 ¹⁵채를 궤의

고리에 꿴대로 두고 빼어내지 말찌며 16내가 네게 줄 증거판을 궤 속에 둘찌며 17정금으로 속죄소를 만들되 장이 이 규빗 반, 광이 일 규빗 반이 되게 하고 18금으로 그룹 둘을 속죄소 두 끝에 쳐서 만들되 19한 그룹은 이 끝에, 한 그룹은 저 끝에 곧 속죄소 두 끝에 속죄소와 한 덩이로 연하게 할찌며 20그룹들은 그 날개를 높이 펴서 그 날개로 속죄소를 덮으며 그 얼굴을 서로 대하여 속죄소를 향하게 하고 21속죄소를 궤 위에 얹고 내가 네게 줄 증거판을 궤 속에 넣으라 22거기서 내가 너와 만나고 속죄소 위 곧 증거궤 위에 있는 두 그룹 사이에서 내가 이스라엘 자손을 위하여 네게 명할 모든 일을 네게 이르리라 23너는 조각목으로 상을 만들되 장이 이 규빗, 광이 일 규빗, 고가 일 규빗 반이 되게 하고 24정금으로 싸고 주위에 금테를 두르고 25그 사면에 손바닥 넓이만한 턱을 만들고 그 턱 주위에 금으로 테를 만들고 26그것을 위하여 금고리 넷을 만들어 그 네 발위 네 모퉁이에 달되 27턱 곁에 달라 이는 상 멜 채를 꿸 곳이며 28또 조각목으로 그 채를 만들고 금으로 싸라 상을 이것으로 멜 것이니라 29너는 대접과 숟가락과 병과 붓는 잔을 만들되 정금으로 만들찌며 30상 위에 진설병을 두어 항상 내 앞에 있게 할찌니라 31너는 정금으로 등대를 쳐서 만들되 그 밑판과 줄기와 잔과 꽃받침과 꽃을 한 덩이로 연하게 하고 32가지 여섯을 등대 곁에서 나오게 하되 그 세 가지는 이편으로 나오고 그 세 가지는 저편으로 나오게 하며 33이편 가지에 살구꽃 형상의 잔 셋과 꽃받침과 꽃이 있게 하고 저편 가지에도 살구꽃 형상의 잔 셋과 꽃받침과 꽃이 있게 하여 등대에서 나온 여섯 가지를 같게 할찌며 34등대 줄기에는 살구꽃 형상의 잔 넷과 꽃받침과 꽃이 있게 하고 35등대에서 나온 여섯 가지를 위하여 꽃받침이 있게 하되 두 가지 아래 한 꽃받침이 있어 줄기와 연하게 하며 또 두 가지 아래 한 꽃받침이 있어 줄기와 연하게 하며 또 두 가지 아래 한 꽃받침이 있어 줄기와 연하게 하고 [36]그 꽃받침과 가지를 줄기와 연하게 하여 전부를 정금으로 쳐 만들고 [37]등잔 일곱을 만들어 그 위에 두어 앞을 비추게 하며 [38]그 불집게와 불똥 그릇도 정금으로 만들찌니 [39]등대와 이 모든 기구를 정금 한 달란트로 만들되 [40]너는 삼가 이 산에서 네게 보인 식양대로 할찌니라

책을 쓰는 사람은 성경을 책 쓰는 재료로 삼습니다. 역사가들은 성경 안에서 역사를 알려고 합니다. 철학자들은 성경을 통하여 철학을 말하려고 합니다. 군사 전략가들은 성경을 통하여 거기서 지혜를 얻으려고 그럽니다.

아닙니다. 하나님이 우리에게 주신 성경은 그 본질이 다른 데 있습니다. 하나님이 우리에게 성경을 내려주신 이유는 "**예수 그리스도를 알기 위함**"입니다. 이것이 열리지 않은 사람은 동해물과 백두산이 마르고 닳도록 성경을 읽어도 성경이 도대체 무슨 책인지 알래야 알 수 없습니다. 예배를 드려도 의미가 없고, 교회를 다녀도 종교 의식에 불과합니다. 요한복음 5장 29절을 읽어봅시다.

"너희가 성경에서 영생을 얻는줄 생각하고 성경을 상고하거니와 이 성경이 곧 내게 대하여 증거하는 것이로다"(요 5:39).

성경은 예수 그리스도에 대하여 증거하는 겁니다. 성경을 읽고 교회를 다니는 목적은 예수 그리스도를 알기 위함입니다. 예수

그리스도가 목적이 아니라면, 모든 것은 무의미한 겁니다. **"예수 그리스도를 알자!"**

하늘의 설계도

출애굽기 24장 15-18절과 출애굽기 25장 8-9절을 읽어봅시다.

"모세가 산에 오르매 구름이 산을 가리며 여호와의 영광이 시내산 위에 머무르고 구름이 육일 동안 산을 가리더니 제 칠일에 여호와께서 구름 가운데서 모세를 부르시니라 산 위의 여호와의 영광이 이스라엘 자손의 눈에 맹렬한 불 같이 보였고 모세는 구름 속으로 들어가서 산 위에 올랐으며 사십일 사십야를 산에 있으니라"(출 24:15-18).

"내가 그들 중에 거할 성소를 그들을 시켜 나를 위하여 짓되 무릇 내가 네게 보이는대로 장막의 식양과 그 기구의 식양을 따라 지을찌니라"(출 25:8-9).

모세가 시내산에 사십일 동안 하나님과 있었습니다. 거기서 모세가 **"하늘의 식양, 설계도"**를 본 겁니다. 모세가 하나님과 40일 동안 함께 있으면서 받은 하늘의 설계도를 가지고 내려왔습니다. 그리고 그걸 이스라엘 백성들에게 설명했습니다. 성경공부를 시킨 겁니다. 그런데 이스라엘 백성들이 못 알아듣는 겁니다. 아무리 설명해도 이해하지 못합니다.

모세가 그 중에 몇 사람에게 안수를 했습니다. 그러니까, 하나님의 성령이 그 안에 임하게 됐습니다. 그러자 놀라운 일이 일어납니다. 모세가 하는 말을 알아듣는 겁니다. 하나님의 성령이 임한 사람들 사이에게 공명이 일어난 겁니다. 성경을 읽어도, 설교를 들어도 성경이 이해가 되지 않는 것은 다 이유가 있습니다. 하나님의 성령이 임하지 않아 공명이 일어나지 못하기 때문입니다.

모세가 본 것을 인간의 말로 설명할 때는 전혀 못 알아들었는데, 하나님의 성령이 임하자 모세가 본 것을 공명하게 되고 그것이 무엇인지 알게 되는 겁니다. 그러니까, 여러분이 성경을 읽고, 성경에 대해서 들을 때 함께 공명하게 되면, '아 목사님이 뭘 말하려고 하는 거다' 하고 깨닫게 된다는 겁니다.

"아하 이걸 봤구나."

이런 고백이 나오려면 어떻게 해야 할까요? 맞습니다. 성령 받아야 되는 겁니다. 성령의 통로가 있어야 제대로 알 수 있는 겁니다. 할렐루야.

출애굽기 35장 30-34절을 읽어봅시다.

"모세가 이스라엘 자손에게 이르되 볼찌어다 여호와께서 유다 지파 훌의 손자요 우리의 아들인 브살렐을 지명하여 부르시고 하나님의 신을 그에게 충만케 하여 지혜와 총명과 지식으로 여러가지 일을 하게

하시되 공교한 일을 연구하여 금과 은과 놋으로 일하게 하시며 보석을
깎아 물리며 나무를 새기는 여러가지 공교한 일을 하게 하셨고 또 그
와 단 지파 아히사막의 아들 오홀리압을 감동시키사 가르치게 하시
며"(출 35:30-34).

"하나님의 신을 그에게 충만케 하여"라고 되어 있습니다. 브살
렐과 오홀리압에게 하나님의 신이 들어가니까 드디어 모세의 말
을 알아듣는 겁니다. 모세가 시내산에서 본 것을 똑같이 보게 되
는 겁니다. 공명이 일어나는 겁니다.

그러니까, 저와 여러분도 하나님의 신, 성령이 충만하게 되면
공명이 일어나서 모세가 본 것을 함께 보게 된다는 겁니다. 아멘.

구약 시대는 인쇄술이 발달되지 않았기 때문에 서기관들이 성
경을 손으로 필사했습니다. 그들은 한 자라도 틀리면 틀린 철자만
지우는 것이 아니라 전부 찢어서 다시 썼습니다. 이렇게 매일같이
성경을 필사하고 연구하는 서기관들은 성경에 대해 그 누구보다
도 유식했지만, 그들은 성경의 전체 주제를 깨닫지 못했습니다.

마태복음 2장 1-8절을 읽어봅시다.

"헤롯왕 때에 예수께서 유대 베들레헴에서 나시매 동방으로부터 박
사들이 예루살렘에 이르러 말하되 유대인의 왕으로 나신 이가 어디 계
시뇨 우리가 동방에서 그의 별을 보고 그에게 경배하러 왔노라 하니

헤롯왕과 온 예루살렘이 듣고 소동한지라 왕이 모든 대제사장과 백성의 서기관들을 모아 그리스도가 어디서 나겠느뇨 물으니 가로되 유대 베들레헴이오니 이는 선지자로 이렇게 기록된바 또 유대 땅 베들레헴아 너는 유대 고을 중에 가장 작지 아니하도다 네게서 한 다스리는 자가 나와서 내 백성 이스라엘의 목자가 되리라 하였음이니이다 이에 헤롯이 가만히 박사들을 불러 별이 나타난 때를 자세히 묻고 베들레헴으로 보내며 이르되 가서 아기에 대하여 자세히 알아 보고 찾거든 내게 고하여 나도 가서 그에게 경배하게 하라"(마 2:1-8).

서기관들은 예수 그리스도에 대한 모든 것을 알고 있었습니다. 심지어 예수 그리스도가 태어날 장소가 유대 땅 베들레헴임을 알면서도 그들은 동방박사들에게 가르쳐 줄 뿐 자신들은 가지 않았습니다. 그리고 나중에는 예수 그리스도를 거짓 선지자라고 부르며 메시아를 죽이는 데 혈안이 되었습니다. 성경을 수없이 필사하고 성경의 모든 내용을 알고 있었지만, 과연 그들이 성경을 깨달았다고 말할 수 있습니까?

똑같은 성경을 놓고 같이 읽고 연구하고 토론을 하더라도 성령을 받은 사람과 안 받은 사람은 전혀 다른 말을 합니다. 동문서답이 일어납니다. 왜냐하면, 성경에 대해서 공명이 일어나지 않기 때문입니다. 둘 사이에 콘크리트 벽이 놓인 것과 같다는 말입니다. 말이 통하지 않습니다. 그래서 성경을 제대로 알려면, 성령을 받아야 됩니다. 성령을 받으면 말을 많이 안 해도 다 알아듣습니다. 목사님의 설교도 성령을 받은 사람들은 그 안에 담겨진 하나님의 메시지를 알아듣습니다.

고린도전서 2장 9-10절을 읽어봅시다.

"기록된바 하나님이 자기를 사랑하는 자들을 위하여 예비하신 모든 것은 눈으로 보지 못하고 귀로도 듣지 못하고 사람의 마음으로도 생각지 못하였다 함과 같으니라 오직 하나님이 성령으로 이것을 우리에게 보이셨으니 성령은 모든 것 곧 하나님의 깊은 것이라도 통달하시느니라"(고전 2:9-10).

9절을 보시면, 성령 받기 전에는 눈으로 보지 못하고 귀로도 듣지 못하고 사람의 마음으로도 생각지 못한 상태라는 겁니다. 아무리 많이 보고, 듣고, 생각해도 전혀 알지 못한다는 겁니다. 성경이 열리지 않는다는 겁니다. 그러다 10절을 보시면 뭐라고 합니까? **"오직 성령으로 이것을 우리에게 보이셨다"**고 합니다. 오직이라는 말은 다른 방법은 없고, 한 가지밖에 없다는 겁니다. **"오직."** 오직 성령으로 성경이 열리게 됩니다. 성령의 통로가 열려야 됩니다. 아멘.

성령의 통로가 아니면, 성경을 수없이 읽어도 예수 그리스도를 발견할 수 없습니다. 성령의 통로가 아니면, 성경을 수없이 읽는 것 자체가 오히려 독이 될 수 있습니다. 아무리 좋은 물이라도 죽은 나무에 퍼붓는 물은 결국 나무를 썩힙니다. 이와 같이 아무리 좋은 설교라도 보혜사 성령님이 들어가지 않은 사람은 말씀을 들을수록 영혼이 썩습니다.

반면에, 보혜사 성령님이 들어간 사람은 말씀을 들을수록, 찬양을 부를수록, 예배를 드릴수록 영혼이 살아납니다. 그러므로 우리는 모두 성령을 받아야 합니다.

사람이 하늘의 설계도를 직접 보지 못해도 모세와 사도 바울이 본 예수 그리스도의 모형을 볼 수 있는 유일한 통로는 오직 성령입니다. 성령을 받으면 모세와 사도 바울이 본 예수 그리스도의 모형이 보이기 시작합니다.

이렇게 하늘의 설계도가 열리는 사람의 삶에는 변화들이 일어납니다. 사람과의 관계가 회복됩니다. 물질의 어려움을 극복합니다. 가정 안에서의 문제들이 해결됩니다. 꿈이 생깁니다. 말과 행동이 긍정적으로 바뀝니다. 삶의 목적을 찾았기 때문에 세월을 허비하지 않습니다. 또 어느 일을 하든지 복음을 전하는 사명자가 됩니다.

여러분의 인생에 하늘의 설계도인 예수 그리스도가 열리기 위해서는 성령을 받아야 합니다. 그럼, 어떻게 성령을 받을 수 있을까? 오직 성령의 통로를 확보한 사람만이, 하늘의 설계도의 주제인 예수 그리스도를 깨달을 수 있습니다. 성령이 아니면 성경은 보이지 않습니다. 성령이 우리 속에 들어올 때 성경이 깨달아지기 시작합니다. 성령의 사람만이 성경을 깨달을 수 있습니다.

성령세례의 3가지 조건

우리에게 성령님이 임하시기 위해서는 3가지 조건이 있습니다. 첫째는 죄를 회개해야 합니다. 과거부터 지금까지 지은 모든 죄를 하나님에게 전심으로 회개해야 합니다. 죄를 회개하지 않으면, 하나님의 거룩한 성령은 우리 속에 들어오실 수가 없습니다.

둘째는 성령님을 사모해야 합니다. 성령님은 인격적인 분이십니다. 우리가 사모하는 마음으로 초청하지 않는다면, 성령님은 오시지 않습니다.

셋째는 부르짖어 기도해야 합니다. 부르짖어 기도하는 방법이 있습니다. 먼저, '주여' 삼창으로 부르짖어 기도할 때, 각자가 전체 중에서 자신의 기도 소리가 제일 세야 합니다. 자신의 입과 귀가 제일 가깝기 때문에 누구든지 자신의 소리가 제일 셀 수밖에 없습니다.

그런데 기도하다 보면 사탄이 우리의 머릿속에 생각을 넣습니다. '이렇게 하지 않아도 그동안 신앙생활 잘했는데, 꼭 이렇게까지 해야 하는가?' 이때 사탄의 말에 절대 동의하면 안 됩니다. '예수 그리스도의 이름으로 물러가라!' 외치고 대항해야 합니다.

그리고 부르짖어 기도할 때 주님을 향하여 머리를 들고 기도해야 합니다. 절대 머리를 바닥이나 의자에 처박고 기도하면 안 됩니다. 성령님의 강타를 구하는 기도는 머리를 들고 주님을 향하여 부르짖어야 합니다.

이렇게 성령세례를 받게 되면 몇 가지 현상이 나타납니다. 성령님이 강타하시면, 방언이 터질 수도 있고 몸에 진동이 올 수도 있습니다. 사람마다 현상은 다 다르지만, 성령님이 오실 때 절제하면 안 됩니다. 어떤 사람은 방언이 터질 때 입을 손으로 잡아버립니다. 어떤 사람은 몸에 진동이 올 때 기도를 멈춰버립니다. 이 모든 것을 절제하지 말고, 성령님의 자유함에 맡겨야 합니다.

또 방언이 터질 때, 어떤 사람은 처음부터 유창하게 터질 수도 있지만 대다수가 그렇지 않습니다. 이때 사탄은 의심을 줍니다. 하지만 예수 그리스도의 이름을 대항해야 합니다. 방언이 유창한 목사님도 처음 터질 때는 유창하지 못했습니다. 방언은 하면 할수록 바뀌어갑니다. 방언은 터지는 것 자체가 가장 중요한 겁니다.

성령이 우리 속에 들어올 때 성경이 깨달아지기 시작합니다. 성령의 사람만이 성경을 깨달을 수 있습니다. 오직 성령의 통로를 확보한 사람만이, 하늘의 설계도의 주제인 예수 그리스도를 깨달을 수 있습니다.

생명이 없는 죽은 나무에 물을 줘도 살아나지 않습니다. 똑같이 성령이 없는 사람이 성경을 읽고, 설교를 듣고, 찬양을 하더라도 살아나지 않습니다. 그러나 생명의 성령이 들어간 사람은 하나님

말씀을 듣거나 찬송 듣거나 예배를 드리거나 하면은 살아납니다. 성령의 통로가 열린단 말입니다. 성령의 통로가 확보되면, 생명이 임하게 됩니다. 성령을 받으시기 바랍니다. 아멘.

기도

"우리에게 축복을 주시기 원하시는 하나님, 그 축복을 누리며 살게 하옵소서. 성경이 내게 열리게 하옵소서. 그러기 위해서 성령세례를 받게 하옵소서. 성령 충만함으로 하나님께서 보여주신 하늘의 설계도를 공명하고, 하나님의 말씀을 제대로 알게 하옵소서. 예수님의 이름으로 기도하옵나이다. 아멘."

03

/

하늘의 설계도를 본 사람은
어떻게 사는가?

창세기 1장 1-31절

[1]태초에 하나님이 천지를 창조하시니라 [2]땅이 혼돈하고 공허하며 흑암이 깊음 위에 있고 하나님의 영은 수면 위에 운행하시니라 [3]하나님이 이르시되 빛이 있으라 하시니 빛이 있었고 [4]빛이 하나님이 보시기에 좋았더라 하나님이 빛과 어둠을 나누사 [5]하나님이 빛을 낮이라 부르시고 어둠을 밤이라 부르시니라 저녁이 되고 아침이 되니 이는 첫째 날이니라 [6]하나님이 이르시되 물 가운데에 궁창이 있어 물과 물로 나뉘라 하시고 [7]하나님이 궁창을 만드사 궁창 아래의 물과 궁창 위의 물로 나뉘게 하시니 그대로 되니라 [8]하나님이 궁창을 하늘이라 부르시니라 저녁이 되고 아침이 되니 이는 둘째 날이니라 [9]하나님이 이르시되 천하의 물이 한 곳으로 모이고 뭍이 드러나라 하시니 그대로 되니라 [10]하나님이 뭍을 땅이라 부르시고 모인 물을 바다라 부르시니 하나님이 보시기에 좋았더라 [11]하나님이 이르시되 땅은 풀과 씨 맺는 채소

와 각기 종류대로 씨 가진 열매 맺는 나무를 내라 하시니 그대로 되어 ¹²땅이 풀과 각기 종류대로 씨 맺는 채소와 각기 종류대로 씨 가진 열매 맺는 나무를 내니 하나님이 보시기에 좋았더라 ¹³저녁이 되고 아침이 되니 이는 셋째 날이니라 ¹⁴하나님이 이르시되 하늘의 궁창에 광명체들이 있어 낮과 밤을 나뉘게 하고 그것들로 징조와 계절과 날과 해를 이루게 하라 ¹⁵또 광명체들이 하늘의 궁창에 있어 땅을 비추라 하시니 그대로 되니라 ¹⁶하나님이 두 큰 광명체를 만드사 큰 광명체로 낮을 주관하게 하시고 작은 광명체로 밤을 주관하게 하시며 또 별들을 만드시고 ¹⁷하나님이 그것들을 하늘의 궁창에 두어 땅을 비추게 하시며 ¹⁸낮과 밤을 주관하게 하시고 빛과 어둠을 나뉘게 하시니 하나님이 보시기에 좋았더라 ¹⁹저녁이 되고 아침이 되니 이는 넷째 날이니라 ²⁰하나님이 이르시되 물들은 생물을 번성하게 하라 땅 위 하늘의 궁창에는 새가 날으라 하시고 ²¹하나님이 큰 바다 짐승들과 물에서 번성하여 움직이는 모든 생물을 그 종류대로, 날개 있는 모든 새를 그 종류대로 창조하시니 하나님이 보시기에 좋았더라 ²²하나님이 그들에게 복을 주시며 이르시되 생육하고 번성하여 여러 바닷물에 충만하라 새들도 땅에 번성하라 하시니라 ²³저녁이 되고 아침이 되니 이는 다섯째 날이니라 ²⁴하나님이 이르시되 땅은 생물을 그 종류대로 내되 가축과 기는 것과 땅의 짐승을 종류대로 내라 하시니 그대로 되니라 ²⁵하나님이 땅의 짐승을 그 종류대로, 가축을 그 종류대로, 땅에 기는 모든 것을 그 종류대로 만드시니 하나님이 보시기에 좋았더라 ²⁶하나님이 이르시되 우리의 형상을 따라 우리의 모양대로 우리가 사람을 만들고 그들로 바다의 물고기와 하늘의 새와 가축과 3)온 땅과 땅에 기는 모든 것을 다스리게 하자 하시고 ²⁷하나님이 자기 형상 곧 하나님의 형상대로 사람을 창조하시되 남자와 여자를 창조하시고 ²⁸하나님이 그들에게 복을 주시며 하나님이 그들에게 이르시되 생육하고 번성하여 땅에 충만하라, 땅을 정복하라, 바다의 물고기와 하늘의 새와 땅에 움직이는 모든 생물을 다스리라 하시니라 29하나님이 이르시되 내가 온 지면의 씨 맺는 모든 채소와 씨 가진 열매 맺는 모든 나무를 너희에게 주노니 너희의 먹을 거리가 되리라 30또 땅의 모든 짐승과 하늘의 모든 새와 생명이 있어 땅에 기는 모든 것에게는 내가 모든 푸른 풀을 먹을 거리로 주노라 하시니 그대로 되니라 31하나님이 지으신 그 모든 것을 보시니 보시기에 심히 좋았더라 저녁이 되고 아침이 되니 이는 여섯째 날이니라

"성경을 알자." 하나님은 성경 모르는 사람하고는 상대를 안 합니다. 성경 모르는 사람하고는 함께 일하지 않습니다. 어쨌든 하나님은 성경 모르는 사람한테는 축복을 안 주는 게 아니고 줘봤자 그 사람에겐 축복이 안 됩니다. 돈을 주면 뭐 하겠습니까? 돈이 그에게는 저주가 됩니다. 명예를 주면 뭐 하겠습니까? 권세를 주면 뭐 하겠습니까? 성경을 모르는 사람에게 복을 주면, 그것은 복이 아니라 저주가 됩니다.

하늘의 설계도를 본 사람들의 공통적인 특징이 있습니다. 하늘의 설계도를 본 사람은 자신이 본 것을 이 땅에 구축하려는 새로운 본능이 생깁니다. 성경을 읽어도 평소와 다를 것 없이 살아가는 사람들은 하늘의 설계도를 보지 못했기 때문입니다.

사도 바울은 하늘의 설계도를 본 후로 그가 가는 곳마다 자신이

본 하늘의 모형을 이 땅에 구축하기 시작했습니다. 그것이 교회입니다. 사도 바울이 가는 곳이라면 감옥이든지 루디아의 집이든지 전부 교회가 됩니다.

하늘의 설계도를 본 사람은 자신이 본 하늘의 것을 이 땅에 구축하려는 새로운 본능이 생깁니다. 하지만 성경을 읽어도 평소와 다를 것 없이 살아가는 사람은 하늘의 설계도를 보지 못했기 때문입니다. 하늘의 설계도를 본 사람만이 모세와 사도 바울처럼 예수 그리스도를 이 땅에 구축해 나갈 수 있습니다.

하늘의 설계도를 본 사람들

모세가 시내산에서 보고 내려와서 기록한 성경을 읽거나 설교를 들으면 바로 모세가 직접 본 거 같은 영상이 우리의 가슴에 일어나게 되는 겁니다. **"하늘의 식양, 설계도"**를 모세에게만 보여준 것이 아니고, 이것을 가끔씩 시대적인 대표 사람에게 보여줬습니다. 그러니까 얼마나 하늘의 식양을 보는 것이 대단한 사건입니까.

먼저, 아브라함입니다. 히브리서 11장 10절을 읽어봅시다.

"이는 하나님의 경영하시고 지으실 터가 있는 성을 바랐음이니라"(히 11:10).

무엇을 바랐다고 합니까? 하나님의 경영하시고 지으실 터가 있는 성이라고 합니다. 이건 땅의 성이 아니라 바로 위의 성을 말하는 겁니다.

아브라함은 이걸 설계도라고 하지 않고 성이라고 한 겁니다. 히브리서 11장 14-16절을 읽어봅시다.

"이같이 말하는 자들은 본향 찾는 것을 나타냄이라 저희가 나온바 본향을 생각하였더면 돌아갈 기회가 있었으려니와 저희가 이제는 더 나은 본향을 사모하니 곧 하늘에 있는 것이라 그러므로 하나님이 저희 하나님이라 일컬음 받으심을 부끄러워 아니하시고 저희를 위하여 한 성을 예비하셨느니라"(히 11:14-16).

아브라함이 원래 살던 곳은 갈대아 우르입니다. 지금 이란과 이라크 지역입니다. 하나님께서 거기에 있던 아브라함을 불러서 예루살렘이라고 하는 지금 이스라엘 땅에 거하게 합니다. 아브라함은 셈 족속입니다. 그때 거기에 있는 가나안 7대 족속들은 헷, 브리스, 여부스, 기르가스, 아모리, 히위, 가나안 족속입니다. 이들은 모두 함 족속입니다. 노아의 아들인 셈, 함, 야벳의 후손 중에서 아브라함은 셈의 후손이고, 가나안 7대 족속은 함의 후손인 겁니다.

아브라함 입장에서는 외톨이입니다. 때때로 인간적인 마음이 들 때도 있었을 겁니다. '야, 내가 왜 이 고생을 해야 되느냐!' 부모님도 다 돌아가셨고, 형제도 없고 낯선 곳에서 혼자 있는 것이

외로웠을 겁니다. 그래서 아브라함도 인간인지라 때때로는 낙심이 와서 '에이 돌아가자. 나도 고향으로 가자' 하는 충동이 일어날 때가 있었을 겁니다. 그런데 그럴 때 아브라함이 고향으로 돌아가지 않았던 이유를 성경은 이렇게 말합니다.

히브리서 11장 15-16절 읽어봅시다.

"저희가 나온바 본향을 생각하였더면 돌아갈 기회가 있었으려니와 저희가 이제는 더 나은 본향을 사모하니 곧 하늘에 있는 것이라 그러므로 하나님이 저희 하나님이라 일컬음 받으심을 부끄러워 아니하시고 저희를 위하여 한 성을 예비하셨느니라"(히 11:15-16).

돌아갈 기회가 있었다는 겁니다. 그런데 본향보다 더 나은 하늘에 있는 본향을 사모했다는 겁니다. 하나님께서 '한 성을 예비'하셨다고 이야기했습니다. 하늘의 성, 이것을 아브라함이 봤기 때문에 혼자 있어도 외롭지 않았다는 겁니다.

저희를 위하여 한 성을 예비하셨다고 했습니다. 아브라함도 위의 성을 봤으니 땅에 끌어내린 겁니다. 이게 바로 '살렘' 성입니다. 성령의 통로로 본 자들도 똑같은 이치입니다. 하늘의 설계도를 본 사람은 그걸 땅으로 끌어내려 적용합니다. 아브라함 이 한 성을 보았기 때문에 고향땅 갈대아 우르로 돌아갈 수 없었습니다.

때때로, 하나님의 일을 하다가 돌아서고 싶은 순간도 있습니다.

하지만, 하늘의 설계도를 본 사람은 결코 돌아설 수 없습니다. 목사, 선교사, 사역자들이 고난 속에서도 포기할 수 없는 이유는 그들이 하늘의 성을 보았기 때문입니다. 아브라함이 하늘의 성을 보고 땅에 구축한 성이 살렘 성입니다. 하늘의 설계도를 본 사람은 하늘의 것을 땅에 구축해 나가는 사명의 삶을 살게 됩니다.

오늘날도 똑같은 겁니다. 여러분이 교회에 와서 하나님의 은혜로 구원을 받고 하나님 백성이 되었단 말입니다. 근데 신앙생활하다 보면 사실은 어려운 점이 많습니다.

어떨 때는 교회 다니기 전보다 더 힘듭니다. 교회 안에서 싸우고, 욕하고, 서로 못 잡아먹어서 안달인 경우도 있습니다. 이럴 때면 사람들이 당황합니다. "교회가 뭐냐?" 이런 겁니다. '교회는 사람이 공동체인 줄 알았는데, 이럴 수 있느냐?' 하면서 낙심이 옵니다. '에이 교회고 뭐고 다 때려치워 버려. 나 예수 안 믿어' 하고 다시 신앙생활을 포기하고 세상으로 돌아갈고 싶은 마음이 들수 있습니다. '예수 믿는 거 그만 둬야지. 신앙생활 그만 둬야지' 하는 이런 충동이 올 때가 있습니다. 그런데 하늘의 성을 본 사람은 그런 것들이 보이지 않는 겁니다. 혼란스럽게 하는 것들, 외롭고 슬픈 것들이 보이지 않는 겁니다.

아브라함이 봤던 것을 사도 바울이 봤고, 그걸 이승만도 본 겁니다. 이승만이 한성감옥에 있을 때 그것을 보고 그 안에서 48명을 전도했습니다. 한성감옥을 교회로 만든 겁니다. 하늘의 설계도를 땅에다 구축을 해서 교회로 만든 겁니다.

이승만이 예수님을 처음 믿을 때 기독교인이 3,000명도 안 됐습니다. 그때 이승만의 기도 제목이 "주여 100만의 성도를 주시옵소서"였습니다. 이승만 장례식이 끝나고 난 뒤에 기독교인이 107만이 됐습니다. 할렐루야. 아멘. 저와 여러분도 마찬가지입니다. 하늘의 설계도를 보는 사람은 가정에, 학교에, 직장에, 그곳에 어디든 교회를 만들 수 있습니다.

다윗도 살펴봅시다. 시편 122편 1-7절을 읽어봅시다.

"사람이 내게 말하기를 여호와의 집에 올라가자 할 때에 내가 기뻐하였도다 예루살렘아 우리 발이 네 성문 안에 섰도다 예루살렘아 너는 조밀한 성읍과 같이 건설되었도다 지파들 곧 여호와의 지파들이 여호와의 이름에 감사하려고 이스라엘의 전례대로 그리로 올라가는도다 거기 판단의 보좌를 두셨으니 곧 다윗 집의 보좌로다 예루살렘을 위하여 평안을 구하라 예루살렘을 사랑하는 자는 형통하리로다 네 성 안에는 평강이 있고 네 궁중에는 형통이 있을찌어다"(시 122:1-7).

다윗이 하늘의 설계도를 본 겁니다. 땅에다 구축하려는 것은 '예루'가 붙었습니다. 아브라함은 살렘 성이라고 그랬죠? 다윗은 여기다 예루를 붙여서 '예루살렘'이라고 그랬습니다. **"예루살렘."** 이 예루살렘의 설계도는 땅에서 만든 게 아닙니다.

하늘에서 내려온 겁니다. 하늘의 성이 땅으로 내려온 겁니다. 이 통로의 쓰임 받은 사람이 바로 다윗입니다. 그 통로가 지금 여러분에게도 임할 겁니다. 하늘의 예루살렘이 땅으로 내려오는 그 통로에 줄을 서는 자는 복의 근원입니다.

아브라함은 하늘의 설계도를 보고 이 땅에 살렘 성을 구축합니다. 다윗은 동일한 하늘의 설계도를 보고 이 땅에 예루살렘 성을 구축합니다. 하늘의 설계도를 본 사람은 그것을 땅에 끌어내리는 삶을 살게 됩니다. 하늘의 설계도가 땅으로 내려오는 통로에 줄을 선 사람은 복의 근원이 됩니다.

하늘의 설계도를 완전히 해독한 사람이 사도 요한입니다. 설계도의 마지막이 요한계시록입니다. **"완성 계시"**입니다. 계시가 마름모꼴로 열려 전진적으로 확대되다가 사도 요한이 요한계시록을 통해 완전히 오픈돼 버립니다. 완성 계시의 이름을 사도 요한은 **"새 예루살렘"**이라 그랬습니다. 요한계시록 21장 1-2절을 봅시다.

"또 내가 새 하늘과 새 땅을 보니 처음 하늘과 처음 땅이 없어졌고 바다도 다시 있지 않더라 또 내가 보매 거룩한 성 새 예루살렘이 하나님께로부터 하늘에서 내려오니 그 예비한 것이 신부가 남편을 위하여 단장한 것 같더라"(계 21:1-2).

거룩한 성, 새 예루살렘이 하님께로부터 하늘에서 내려온다고 했습니다. 이게 완성 계시입니다. 하늘의 설계도는 점진적으로 확대되다가 사도 요한 때 완전하게 열립니다. 이것을 완성 계시라고 합니다. 사도 요한이 밧모섬에서 본 완성 계시는 '예루살렘'에 '새'를 붙인 '새 예루살렘'입니다.

창세기부터 시작된 하나님의 구원 역사경영은, 예수 그리스도가 재림하실 때 요한계시록 21장의 새 예루살렘이 하늘에서 내려와 땅에서 완전하게 이루어지는 것으로 끝납니다. 하늘의 새 예루살렘이 땅으로 내려오면, 모든 인류 역사는 그것으로 끝나게 됩니다. 하나님이 천지를 창조하시고 아담과 하와를 지으시고 인류 역사를 경영하신 최후의 목적지는 바로 새 예루살렘입니다. 모든 것은 새 예루살렘으로 끝나게 되어 있습니다. **"하늘의 설계도를 바라보자!"**

하나님의 일을 감당하는 사명자는 교회 직분자에게만 해당되는 것이 아닙니다. 우리에게 주신 재능과 직업을 통해 하나님의 일을 하는 모든 사람은 사명자입니다. 하지만 무슨 일을 하든, 어느 사람이든, 하늘의 설계도를 본 사람만이 모세, 사도 바울, 아브라함, 다윗처럼 예수 그리스도를 이 땅에 구축해 나갈 수 있습니다. 하늘의 설계도를 본 사람만이 고난 속에서도 포기하지 않을 수 있습니다.

"하늘의 설계도를 본 사람들에게 축복을 주신 하나님, 우리도 하늘의 설계도를 보고 그 축복을 누리게 하옵소서. 하늘의 설계도를 이 땅에 구축한 아브라함, 다윗, 요한처럼 우리도 이 땅에 하늘의 설계도를 구축하는 삶을 살게 하옵소서. 예수 그리스도의 이름으로 기도하옵나이다. 아멘."

04

하늘의 설계도의 완성 계시, 새 예루살렘

요한계시록 21장 1-27절

¹또 내가 새 하늘과 새 땅을 보니 처음 하늘과 처음 땅이 없어졌고 바다도 다시 있지 않더라 ²또 내가 보매 거룩한 성 새 예루살렘이 하나님께로부터 하늘에서 내려오니 그 예비한 것이 신부가 남편을 위하여 단장한 것 같더라 ³내가 들으니 보좌에서 큰 음성이 나서 가로되 보라 하나님의 장막이 사람들과 함께 있으매 하나님이 저희와 함께 거하시리니 저희는 하나님의 백성이 되고 하나님은 친히 저희와 함께 계셔서 ⁴모든 눈물을 그 눈에서 씻기시매 다시 사망이 없고 애통하는 것이나 곡하는 것이나 아픈 것이 다시 있지 아니하리니 처음 것들이 다 지나갔음이러라 ⁵보좌에 앉으신 이가 가라사대 보라 내가 만물을 새롭게 하노라 하시고 또 가라사대 이 말은 신실하고 참되니 기록하라 하시고 ⁶또 내게 말씀하시되 이루었도다 나는 알파와 오메가요 처음과 나중이라 내가 생명수 샘물로 목 마른 자에게 값 없이 주리니 ⁷이기는 자는

이것들을 유업으로 얻으리라 나는 저의 하나님이 되고 그는 내 아들이 되리라 [8]그러나 두려워하는 자들과 믿지 아니하는 자들과 흉악한 자들과 살인자들과 행음자들과 술객들과 우상 숭배자들과 모든 거짓말하는 자들은 불과 유황으로 타는 못에 참예하리니 이것이 둘째 사망이라 [9]일곱 대접을 가지고 마지막 일곱 재앙을 담은 일곱 천사중 하나가 나아와서 내게 말하여 가로되 이리 오라 내가 신부 곧 어린 양의 아내를 네게 보이리라 하고 [10]성령으로 나를 데리고 크고 높은 산으로 올라가 하나님께로부터 하늘에서 내려오는 거룩한 성 예루살렘을 보이니 [11]하나님의 영광이 있으매 그 성의 빛이 지극히 귀한 보석 같고 벽옥과 수정 같이 맑더라 [12]크고 높은 성곽이 있고 열 두 문이 있는데 문에 열 두 천사가 있고 그 문들 위에 이름을 썼으니 이스라엘 자손 열 두 지파의 이름들이라 [13]동편에 세 문, 북편에 세 문, 남편에 세 문, 서편에 세 문이니 [14]그 성에 성곽은 열 두 기초석이 있고 그 위에 어린 양의 십 이 사도의 열 두 이름이 있더라 [15]내게 말하는 자가 그 성과 그 문들과 성곽을 척량하려고 금 갈대를 가졌더라 [16]그 성은 네모가 반듯하여 장광이 같은지라 그 갈대로 그 성을 척량하니 일만 이천 스다디온이요 장과 광과 고가 같더라 [17]그 성곽을 척량하매 일백 사십 사 규빗이니 사람의 척량 곧 천사의 척량이라 [18]그 성곽은 벽옥으로 쌓였고 그 성은 정금인데 맑은 유리 같더라 [19]그 성의 성곽의 기초석은 각색 보석으로 꾸몄는데 첫째 기초석은 벽옥이요 둘째는 남보석이요 세째는 옥수요 네째는 녹보석이요 [20]다섯째는 홍마노요 여섯째는 홍보석이요 일곱째는 황옥이요 여덟째는 녹옥이요 아홉째는 담황옥이요 열째는 비취옥이요 열 한째는 청옥이요 열 둘째는 자정이라 [21]그 열 두 문은 열 두 진주니 문마다 한 진주요 성의 길은 맑은 유리 같은 정금이더라 [22]성안에 성전을 내가 보지 못하였으니 이는 주 하나님 곧 전능

하신 이와 및 어린 양이 그 성전이심이라 ²³그 성은 해나 달의 비췸이 쓸데 없으니 이는 하나님의 영광이 비취고 어린 양이 그 등이 되심이라 ²⁴만국이 그 빛 가운데로 다니고 땅의 왕들이 자기 영광을 가지고 그리로 들어오리라 ²⁵성문들을 낮에 도무지 닫지 아니하리니 거기는 밤이 없음이라 ²⁶사람들이 만국의 영광과 존귀를 가지고 그리로 들어오겠고 ²⁷무엇이든지 속된 것이나 가증한 일 또는 거짓말 하는 자는 결코 그리로 들어오지 못하되 오직 어린 양의 생명책에 기록된 자들뿐이라

하늘의 설계도는 점진적으로 확대되다가 사도 요한 때 완전하게 열립니다. 이것을 완성 계시라고 합니다. 사도 요한이 밧모섬에서 본 완성 계시는 '예루살렘'에 '새'를 붙인 '새 예루살렘'입니다. 창세기부터 시작된 하나님의 구원 역사경영은 요한계시록 21장의 새 예루살렘이 하늘에서 내려와 땅에서 완전하게 이루어지는 것으로 끝납니다.

하늘의 새 예루살렘이 땅으로 내려오면, 모든 인류 역사는 그것으로 끝나게 됩니다. 하나님이 천지를 창조하시고 아담과 하와를 지으시고 인류 역사를 경영하신 최후의 목적지는 바로 새 예루살렘입니다. 모든 것은 새 예루살렘으로 끝나게 되어 있습니다.

새 예루살렘

이 새 예루살렘의 구조가 숫자로 되어 있습니다. 요한계시록 21장 10-14절을 읽어봅시다.

"성령으로 나를 데리고 크고 높은 산으로 올라가 하나님께로부터 하늘에서 내려오는 거룩한 성 예루살렘을 보이니 하나님의 영광이 있으매 그 성의 빛이 지극히 귀한 보석 같고 벽옥과 수정 같이 맑더라 크고 높은 성곽이 있고 열 두 문이 있는데 문에 열 두 천사가 있고 그 문들 위에 이름을 썼으니 이스라엘 자손 열 두 지파의 이름들이라 동편에 세 문, 북편에 세 문, 남편에 세 문, 서편에 세 문이니 그 성에 성곽은 열 두 기초석이 있고 그 위에 어린 양의 십 이 사도의 열 두 이름이 있더라"(계 21:10-14).

새 예루살렘의 설계도를 보이니 첫째는 열 두 지파로 되어 있다고 합니다. 그리고 열두 제자가 있습니다. 이것이 바로 새 예루살렘을 구성하는 기초석이자 완성품입니다. 새 예루살렘을 구성하는 것이 **"구약의 열두 지파"**와 **"신약의 열두 제자"**로 되어 있습니다.

"그러면, 새 예루살렘에 우리는 없는 겁니까?" 하고 질문하는 사람이 있을 겁니다. 이렇게 여러분이 질문할 줄 알고 하나님이 요한계시록 3장 10-12절에 기록했습니다.

"네가 나의 인내의 말씀을 지켰은즉 내가 또한 너를 지키어 시험의 때를 면하게 하리니 이는 장차 온 세상에 임하여 땅에 거하는 자들을 시험할 때라 내가 속히 임하리니 네가 가진 것을 굳게 잡아 아무나 네 면류관을 빼앗지 못하게 하라 이기는 자는 내 하나님 성전에 기둥이 되게 하리니 그가 결코 다시 나가지 아니하리라 내가 하나님의 이름과 하나님의 성 곧 하늘에서 내 하나님께로부터 내려 오는 새 예루살렘의 이름과 나의 새 이름을 그이 위에 기록하리라"(계 3:10-12).

새 예루살렘은 열두 지파, 열두 제자로 구성되어 있는데, 거기에 저와 여러분의 이름도 있다는 겁니다. 여러분과 저의 이름이 하늘의 설계도에 이미 박혀 있다는 겁니다. 성령의 통로가 안 열리는 사람은 실감이 안 나겠지만, 성령의 통로가 열린 사람의 이름은 거기에 붙어있다는 겁니다. 새 예루살렘이 열린 겁니다. 성경의 목적은 새 예루살렘입니다.

"새 예루살렘에서 만납시다." 아멘.

여러분, 그런데 이런 성경의 말씀을 제대로 이해하지 못하는 성도들이 많습니다. 요한복음 5장 39-40절을 보면, 예수님이 하신 말씀이 있습니다.

"너희가 성경에서 영생을 얻는줄 생각하고 성경을 상고하거니와 이 성경이 곧 내게 대하여 증거하는 것이로다 그러나 너희가 영생을 얻기 위하여 내게 오기를 원하지 아니하는도다"(요 5:39-40).

예수님이 분명히 이야기합니다.

"성경은 나에 대하여 증거하는 것이다."

성경의 주제가 예수이고, 목적이 예수입니다. 성경이 존재하는 모든 이유가 예수입니다. 하늘의 그리스도를 땅으로 끌어내리려고 하는 것이 성경의 전체인 겁니다. 사도 바울이 골로새서 1장 15-17절에도 같은 말을 했습니다.

"그는 보이지 아니하시는 하나님의 형상이요 모든 창조물보다 먼저 나신 자니 만물이 그에게 창조되되 하늘과 땅에서 보이는 것들과 보이지 않는 것들과 혹은 보좌들이나 주관들이나 정사들이나 권세들이나 만물이 다 그로 말미암고 그를 위하여 창조되었고 또한 그가 만물보다 먼저 계시고 만물이 그 안에 함께 섰느니라"(골 1:15-17).

하늘의 설계도의 주제인 예수 그리스도는 만물보다 먼저 계셨습니다. 성경이 말하길, 모든 만물은 그리스도를 위하여, 그리스도에 의하여, 그리스도의 것으로 창조된 겁니다. 이것은 우리의 인생에서도 마찬가지입니다. 예수 그리스도는 이 세상의 설계도이며, 우리의 인생의 설계도입니다.

따라서 하나님의 축복은 모든 사건, 사람, 과정, 사업에 대해 **"그리스도를 위하여, 그리스도에 의하여, 그리스도의 것으로"**라는 세 개의 키워드 위에 선 자에게 임하는 겁니다.

자식을 키울 때도 그리스도를 위하여, 그리스도에 의하여, 그리스도의 것으로 키워야 합니다. 공부를 할 때도 그리스도를 위하여, 그리스도에 의하여, 그리스도의 것으로 공부해야 지혜와 명철함이 풀어집니다. 직장을 다닐 때도 그리스도를 위하여, 그리스도에 의하여, 그리스도의 것으로 일해야 모든 현장이 사역의 장소가 됩니다. 사업을 할 때도 그리스도를 위하여, 그리스도에 의하여, 그리스도의 것으로 해야 하나님이 지경을 넓혀주십니다.

"하나님에게 영광!"

창세 전에 세우신 하늘의 설계도

여기에서 중요한 질문이 있습니다. 앞서 언급된 모세의 성막, 사도 바울의 교회, 아브라함의 살렘 성, 다윗의 예루살렘, 사도 요한의 새 예루살렘, 구약의 열두 지파와 신약의 열두 제자는 전부 창세 전에 하신 겁니까? 아니면 창세 후에 하신 겁니까?

이 질문에 어떻게 대답하느냐에 따라서 성경이 열리느냐 마느냐가 결정됩니다. 하나님은 천지창조 이전부터 이미 설계도를 그려 놓으시고 설계도대로 집행해 나가십니다. 모두 창세 전의 일입니다. 이 사실을 확실하게 믿어야만 성경이 우리 눈에 보이기 시작합니다.

열두 지파가 땅에 생긴 후에 하나님이 설계도를 변경하신 것이 아니라, 하나님의 설계도대로 야곱이 열두 아들을 낳은 겁니다. 열두 제자 역시 땅에 생긴 후에 하나님이 설계도를 변경하신 것이 아니라, 하나님이 하늘에서 열두 제자를 먼저 설계하시고 이 땅에 오셔서 설계도대로 열두 제자를 구성한 겁니다. 이 세상의 집도 설계도가 완성된 후에 지어지듯이, 모든 성경도 동일한 겁니다.

로마서 11장 25절을 읽어봅시다.

"형제들아 너희가 스스로 지혜 있다 함을 면키 위하여 이 비밀을 너희가 모르기를 내가 원치 아니하노니 이 비밀은 이방인의 충만한 수가 들어오기까지 이스라엘의 더러는 완악하게 된 것이라"(롬 11:25).

창세 이전에 하나님의 설계도는 구약 시대와 신약 시대마다 구원받을 성도의 숫자를 정해 놓았습니다. 사도 바울은 구약 성도의 구원이 아직 끝나지 않았다고 말합니다. 7년 대환란이 일어나기 전까지 유대인의 구원은 이방인의 충만한 수가 들어올 때까지 정지되어 있습니다.

이방인의 수가 채워지고 7년 대환란이 시작될 때 이스라엘 나라의 구원은 다시 시작됩니다. 하나님의 설계도에는 유대인의 구원의 수와 이방인의 구원의 수가 이미 정해져 있는 겁니다. 신학적으로, 이것을 칼빈의 예정론이라고 말합니다.

하나님이 새 예루살렘이라고 하는 설계도를 창세기 1장에 기록된 천지창조 이전에 기록했을까요? 아니면 그 이후에 했을까요? 하늘의 설계도, 새 예루살렘 설계도는 천지가 창조되기 전에 먼저 만들어진 겁니다. 구약의 열두 지파와 신약의 열두 제자도 하늘의 설계도를 따라 진행된 겁니다. 여러분이 이 세상에 태어난 것도 새 예루살렘의 설계도 안에서 일어난 겁니다.

천지창조 이전에 이미 우리는 새 예루살렘 설계도 안에 있었습니다. 여러분이 실수로 이 세상에 태어난 것이 아닙니다. 하늘의 설계도에 여러분은 누구의 아들로, 누구의 딸로 태어나도록 설계도가 그렇게 되었고, 설계도대로 여러분은 태어난 겁니다. 여러분은 생각할 때, '에이, 친구가 교회 가자고 그래서 내 예수님 믿게 됐는데' 하고 말할 수 있겠지만, 하늘의 설계도에 이미 여러분들우 이렇게 구워 계획대로 예수님을 믿은 겁니다.

성령을 받은 사람은 이게 무슨 말을 하는지 알 수 있을 겁니다. 그런데 성령을 안 받은 사람은 받아들이지 못합니다. 그런데 여러분, 우리가 태어나기 전에 하나님은 모든 것을 설계도대로 이루고 계십니다. 골로새서 1장 24-26절을 읽어봅시다.

"내가 이제 너희를 위하여 받는 괴로움을 기뻐하고 그리스도의 남은 고난을 그의 몸된 교회를 위하여 내 육체에 채우노라 내가 교회 일군 된 것은 하나님이 너희를 위하여 내게 주신 경륜을 따라 하나님의 말씀을 이루려 함이니라 이 비밀은 만세와 만대로부터 옴으로 감취었던 것인데 이제는 그의 성도들에게 나타났고"(골 1:24-26).

사도 바울이 말한 "이 비밀"은 구원의 계획입니다. 여러분이 태어나기 전에 이미 설계도가 되었다는 것이 비밀입니다. 27절을 계속 읽어봅시다.

"하나님이 그들로 하여금 이 비밀의 영광이 이방인 가운데 어떻게 풍성한 것을 알게 하려하심이라 이 비밀은 너희 안에 계신 그리스도시니 곧 영광의 소망이니라"(골 1:27).

우리는 이 비밀의 열쇠를 열게 되었단 말입니다. 천지창조 전에 하늘의 설계도를 만드셨습니다. 천지창조의 과정을 보면, 마지막 성경구절이 창세기 1장 26-28절입니다.

"하나님이 가라사대 우리의 형상을 따라 우리의 모양대로 우리가 사람을 만들고 그로 바다의 고기와 공중의 새와 육축과 온 땅과 땅에 기는 모든 것을 다스리게 하자 하시고 하나님이 자기 형상 곧 하나님의 형상대로 사람을 창조하시되 남자와 여자를 창조하시고 하나님이 그들에게 복을 주시며 그들에게 이르시되 생육하고 번성하여 땅에 충만하라, 땅을 정복하라, 바다의 고기와 공중의 새와 땅에 움직이는 모든 생물을 다스리라 하시니라"(창 1:26-28).

28절을 다시 봅시다. 하나님이 그들에게 무엇을 주셨다고 합니까?

"생육하고 번성하여 땅에 충만하라, 땅을 정복하라, 바다의 고기와 공중의 새와 땅에 움직이는 모든 생물을 다스리라."

생육하고 번성하여 땅을 충만하는 것이 바로 하늘의 설계도대로 이루어지는 겁니다. 새 예루살렘을 이루는 겁니다.

기도

"주 예수님, 감사합니다. 하늘의 비밀을 열어주시고, 하늘의 복이 이 땅에 임하게 하시고, 하늘의 설계도를 따라 우리가 새 예루살렘에 들어가게 하옵소서. 예수님의 이름으로 기도드리옵나이다. 아멘."

05

/

하늘의 설계도를
이 땅에 구축하신 하나님

창세기 1장 1-31절

[1]태초에 하나님이 천지를 창조하시니라 [2]땅이 혼돈하고 공허하며 흑암이 깊음 위에 있고 하나님의 영은 수면 위에 운행하시니라 [3]하나님이 이르시되 빛이 있으라 하시니 빛이 있었고 [4]빛이 하나님이 보시기에 좋았더라 하나님이 빛과 어둠을 나누사 [5]하나님이 빛을 낮이라 부르시고 어둠을 밤이라 부르시니라 저녁이 되고 아침이 되니 이는 첫째 날이니라 [6]하나님이 이르시되 물 가운데에 궁창이 있어 물과 물로 나뉘라 하시고 [7]하나님이 궁창을 만드사 궁창 아래의 물과 궁창 위의 물로 나뉘게 하시니 그대로 되니라 [8]하나님이 궁창을 하늘이라 부르시니라 저녁이 되고 아침이 되니 이는 둘째 날이니라 [9]하나님이 이르시되 천하의 물이 한 곳으로 모이고 뭍이 드러나라 하시니 그대로 되니라 [10]하나님이 뭍을 땅이라 부르시고 모인 물을 바다라 부르시니 하나님이 보시기에 좋았더라 [11]하나님이 이르시되 땅은 풀과 씨 맺는 채소

와 각기 종류대로 씨 가진 열매 맺는 나무를 내라 하시니 그대로 되어 ¹²땅이 풀과 각기 종류대로 씨 맺는 채소와 각기 종류대로 씨 가진 열매 맺는 나무를 내니 하나님이 보시기에 좋았더라 ¹³저녁이 되고 아침이 되니 이는 셋째 날이니라 ¹⁴하나님이 이르시되 하늘의 궁창에 광명체들이 있어 낮과 밤을 나뉘게 하고 그것들로 징조와 계절과 날과 해를 이루게 하라 ¹⁵또 광명체들이 하늘의 궁창에 있어 땅을 비추라 하시니 그대로 되니라 ¹⁶하나님이 두 큰 광명체를 만드사 큰 광명체로 낮을 주관하게 하시고 작은 광명체로 밤을 주관하게 하시며 또 별들을 만드시고 ¹⁷하나님이 그것들을 하늘의 궁창에 두어 땅을 비추게 하시며 ¹⁸낮과 밤을 주관하게 하시고 빛과 어둠을 나뉘게 하시니 하나님이 보시기에 좋았더라 ¹⁹저녁이 되고 아침이 되니 이는 넷째 날이니라 ²⁰하나님이 이르시되 물들은 생물을 번성하게 하라 땅 위 하늘의 궁창에는 새가 날으라 하시고 ²¹하나님이 큰 바다 짐승들과 물에서 번성하여 움직이는 모든 생물을 그 종류대로, 날개 있는 모든 새를 그 종류대로 창조하시니 하나님이 보시기에 좋았더라 ²²하나님이 그들에게 복을 주시며 이르시되 생육하고 번성하여 여러 바닷물에 충만하라 새들도 땅에 번성하라 하시니라 ²³저녁이 되고 아침이 되니 이는 다섯째 날이니라 ²⁴하나님이 이르시되 땅은 생물을 그 종류대로 내되 가축과 기는 것과 땅의 짐승을 종류대로 내라 하시니 그대로 되니라 ²⁵하나님이 땅의 짐승을 그 종류대로, 가축을 그 종류대로, 땅에 기는 모든 것을 그 종류대로 만드시니 하나님이 보시기에 좋았더라 ²⁶하나님이 이르시되 우리의 형상을 따라 우리의 모양대로 우리가 사람을 만들고 그들로 바다의 물고기와 하늘의 새와 가축과 3)온 땅과 땅에 기는 모든 것을 다스리게 하자 하시고 ²⁷하나님이 자기 형상 곧 하나님의 형상대로 사람을 창조하시되 남자와 여자를 창조하시고 ²⁸하나님이 그들에게 복을 주시며 하나님이 그들에게 이르시되 생육하고 번성하여 땅에 충만하라, 땅을 정복하라, 바다의 물고기와 하늘의 새와 땅에 움직이는 모든 생물을 다스리라 하시니라 29하나님이 이르시되 내가 온 지면의 씨 맺는 모든 채소와 씨 가진 열매 맺는 모든 나무를 너희에게 주노니 너희의 먹을 거리가 되리라 30또 땅의 모든 짐승과 하늘의 모든 새와 생명이 있어 땅에 기는 모든 것에게는 내가 모든 푸른 풀을 먹을 거리로 주노라 하시니 그대로 되니라 31하나님이 지으신 그 모든 것을 보시니 보시기에 심히 좋았더라 저녁이 되고 아침이 되니 이는 여섯째 날이니라

"성경을 알자." 하나님은 성경 모르는 사람하고는 상대를 안 합니다. 성경 모르는 사람하고는 함께 일하지 않습니다. 어쨌든 하나님은 성경 모르는 사람한테는 축복을 안 주는 게 아니고 줘봤자 그 사람에겐 축복이 안 됩니다. 돈을 주면 뭐 하겠습니까? 돈이 그에게는 저수가 됩니다. 명예를 주면 뭐 하겠습니까? 권세를 주면 뭐 하겠습니까? 성경을 모르는 사람에게 복을 주면, 그것이 복이 아니라 저주가 됩니다.

하늘의 설계도

성경이 기록을 마친 지 대략 2000년이 됐습니다. 2000여 년 동안 얼마나 많은 성경학자들과 목사님들이 연구를 했습니까? 서점에 가면 성경을 연구한 책이 얼마나 많은지 모릅니다. 지금까지

기록된 성경연구에 대한 책은 정말 어마어마합니다. 그런데 이 성경의 원리를 제대로 안 사람들은 그리 많지 않습니다. 안 사람들은 모두 하나님의 축복을 받았습니다.

모세는 시내산에서 40일 동안 하나님과 함께하면서 "**하늘의 식양**"을 봅니다. 그것이 바로 "**하늘의 설계도**"입니다. 모세가 시내산에서 내려와 모세 오경인 창세기, 출애굽기, 레위기, 민수기, 신명기를 썼습니다. 그리고 성경의 원리를 그대로 땅에 구축한 것이 바로 성막입니다. 모세가 하늘의 설계도를 보고 "모세오경, 성막"을 세운 겁니다.

그런데 이게 미궁에 빠졌단 말입니다. 이게 뭔 뜻인지 모른다는 겁니다. 그러다가 신약 시대에 사도 바울이 그것을 알게 됩니다. 바울이 "셋째 하늘"에 올라가서 모세가 본 하늘의 설계도를 본 겁니다. 그리고 바울 서신을 썼습니다. 이게 바로 바울의 교회론입니다. 그래서 모세오경과 바울 서신은 같은 겁니다.

고린도전서 2장 9-10절을 읽어봅시다.

"기록된바 하나님이 자기를 사랑하는 자들을 위하여 예비하신 모든 것은 눈으로 보지 못하고 귀로도 듣지 못하고 사람의 마음으로도 생각지 못하였다 함과 같으니라 오직 하나님이 성령으로 이것을 우리에게 보이셨으니 성령은 모든 것 곧 하나님의 깊은 것이라도 통달하시느니라"(고전 2:9-10).

"하나님은 성령으로 이것을 우리에게 보이셨으니." 구약도 하나님의 신으로, 신약도 성령으로 보면 성경이 열린단 말입니다. 목사님 설교를 이해하고 그것을 공유한단 말입니다. **"성령의 통로"**가 필요합니다. 그런데 이걸 잃어버리니까, 이해도 못하고 공유도 못하는 겁니다. 그리고 자꾸 사람의 이성으로 성경을 해석하는 겁니다. 사람의 이성으로는 성경을 제대로 보지 못합니다. 성경의 원리는 "오직 성령으로" 성경을 봐야 한다는 겁니다.

"성령님 열어주세요. 활짝 열어주세요."

하나님은 이 세상을 창조하기 전에 하늘의 설계도를 그려 놓으시고 그것을 모든 사람들에게 시대마다 보여주셨는데, 최후의 계시를 새 예루살렘이라고 했습니다. 그리고 사도 바울은 그것을 그리스도의 몸이라고 했습니다 다윗은 예루살렘, 모세는 성막이라 했습니다.

하나님은 하늘의 설계도대로 이 세상을 지평해 나가는 겁니다. **"우연은 없습니다."** 주권자이신 하나님이 새 예루살렘을 완성하려고 집행해 나가는 겁니다. 거기에 여러분과 제가 부름을 받은 겁니다.

이런 사실을 알 수 있는 길은 겸손한 마음으로 받아들이는 겁니다. 성경을 받아들이지 못하는 것은 교만 때문입니다. 예수의 말을 듣지 않아도 이 세상을 살 수 있다는 교만 때문입니다. 인생을 착각 속에서 사는 겁니다. 겸손한 마음으로 성경을 받아들이면, 하나님께서 성경을 열어주십니다.

"심령이 가난한 자는 복이 있나니 천국이 저희 것임이요"(마 5:3).

심령이 가난하다는 것은 겸손한 마음을 가진 사람들을 이야기합니다. 그런 사람에게 하나님이 천국을 주시는 겁니다. 하나님은 주제를 모르는 인간에게는 성경을 안 보여줍니다. 성경을 아무리 많이 보고, 연구해도 성경이 열리지 않았기 때문에 모두 헛방입니다. 그러니까, 제대로 성경을 해석할 수 없는 겁니다.

하나님은 이 세상의 모든 역사의 운행을 "하늘의 설계도"로 땅에서 이루려고 합니다. 그래서 하늘의 설계도에 선 사람을 하나님께서 쓰시는 겁니다. 모세, 다윗, 바울이 그곳에 서 있었던 겁니다. 성경이 열린 사람은 하나님께 쓰임을 받는 겁니다. 하나님은 하늘의 설계도를 땅으로 내리려고 하는데, 각 분야에서 성경을 알고 있는 사람들을 쓰는 겁니다.

천지창조

하나님이 하늘의 설계도를 땅으로 끌어내리려고 첫 번째 하신 일이 **"천지창조"**입니다. 하나님은 천지창조를 하는 일곱 과정에는 다 하나님의 뜻이 있습니다. 하나님은 한 달 동안, 또는 하루에 만들 수도 있는 분인데, 일곱 과정에 만드신 것일까? 그리고 일곱 과정의 순서는 어떤 의미가 있는 것인가? 왜 빛이 첫 번째고, 둘째가 왜 궁창이고, 셋째 날에 뭍이 드러나게 하는 것일까? 해와 달과 별을 넷째날에 만들고, 다섯째 날에 생물을 만들고, 왜 사람은 여섯째 날에 만들었을까? 그리고 마지막 날에는 왜 안식을 했을까? 하나님은 이 모든 것을 하루에 다 만들 수 있는 분이고, 순서를 바꿀 수도 있는데, 왜 그런 걸까? 이 모든 내용은 하늘의 그리스도를 땅으로 내리기 위한 하나님의 표현입니다.

천지창조의 창조행위가 사실이면서 그 안에 가지고 있는 목적이 있는 겁니다. 천지창조라는 과정을 통하여 하나님은 영원의 시작부터 영원한 후까지 하나님이 설교 한 편을 하는 겁니다. 하늘의 그리스도를 설명하는 겁니다. 하늘의 그리스도를 땅으로 내리기 위한 작업입니다.

우리는 창세기 1장에 빛이 있으라, 둘째 궁창이 있으라, 뭍이 드러나라, 하늘에 해와 달과 별이 있으라, 그리고 생명체가 생기라, 또 아담과 하와를 하느님 만드신 과정을 보면서 '아, 이렇게 세상이 만들어졌구나' 하는 것만 보일 겁니다. 그런데 이 천지창조에는 **"그리스도의 설계도"**가 있습니다. 천지창조는 천지를 창조하는 과정을 통하여 하늘의 그리스도를 땅에 내려온 겁니다. 목적지가 새 예루살렘입니다.

창세기 1장 26-28절을 읽어봅시다.

"하나님이 가라사대 우리의 형상을 따라 우리의 모양대로 우리가 사람을 만들고 그로 바다의 고기와 공중의 새와 육축과 온 땅과 땅에 기는 모든 것을 다스리게 하자 하시고 하나님이 자기 형상 곧 하나님의 형상대로 사람을 창조하시되 남자와 여자를 창조하시고 하나님이 그들에게 복을 주시며 그들에게 이르시되 생육하고 번성하여 땅에 충만하라, 땅을 정복하라, 바다의 고기와 공중의 새와 땅에 움직이는 모든 생물을 다스리라 하시니라"(창 1:26-28).

하나님이 천지를 창조하실 때 마지막 창조물인 사람에게 처음 주신 것이 복입니다. 성경의 처음 복이란 말이 나오는 곳입니다. 이 복을 "생육하고 번성하여 충만하라"에 걸어놓으셨습니다. 아담과 하와에게 생육하고 번성하라는 것은 육신의 자식을 많이 낳아라는 뜻입니다. 그렇게 하나님이 말씀대로 인류가 이렇게 생긴 겁니다.

생육하고 번성하라는 것이 육신의 애를 많이 낳는 걸로 끝나는 게 아니고 그 목적지가 하늘의 설계도대로 이루어지는 새 예루살렘에 있습니다. 새 예루살렘, 하늘의 숫자를 채우는 방법으로 땅에 사람이 태어나는 겁니다. 그래서 복이 여기에 걸려 있는 겁니다.

"하늘의 설계도"를 이루어 가는 걸 보면, 우리의 이성으로 이해할 수 없는 부분이 참 많이 나옵니다. 예를 들어, 성경에 유다의 며느리인 다말이 나옵니다. 다말은 시아버지인 유다에게서 아이를 낳았습니다. 이건 윤리적으로, 도덕적으로 용서가 될 수 없는 일입니다. 당시 법으로 죽임을 당해야 합니다. 그런데, 이 다말이 마태복음 1장인 예수님의 족보에 턱 하고 나오지 않습니까?

마태복음 1장 1-3절을 읽어봅시다.

"아브라함과 다윗의 자손 예수 그리스도의 세계라 아브라함이 이삭을 낳고 이삭은 야곱을 낳고 야곱은 유다와 그의 형제를 낳고 유다는 다말에게서 베레스와 세라를 낳고 베레스는 헤스론을 낳고 헤스론은 람을 낳고"(마 1:1-3).

사실, 이게 부끄럽지 않습니까! 그걸 뭘 자랑거리라고 예수님의 족보에다가 떡 올려놓았는지 모르겠습니다. 왜 그런 걸까요? 이게 인간의 윤리와 하나님의 윤리는 다르다는 겁니다. 인간의 윤리로는 그건 아주 몹쓸 여자고, 절대 용서할 수 없는 여자이지만, 그것보다 더 앞선 하늘의 윤리는 뭐냐 하늘의 숫자를 채우는 겁니다.

지상명령

창세기 1장 28절에 '생육하고 번성하여 땅에 충분하라'는 이 성경이 마태복음 28장 18-20절로 갑니다.

"예수께서 나아와 일러 가라사대 하늘과 땅의 모든 권세를 내게 주셨으니 그러므로 너희는 가서 모든 족속으로 제자를 삼아 아버지와 아들과 성령의 이름으로 세례를 주고 내가 너희에게 분부한 모든 것을 가르쳐 지키게 하라 볼찌어다 내가 세상 끝날까지 너희와 항상 함께 있으리라 하시니라"(마 28:18-20).

구약은 육신으로 애를 많이 낳아서 하늘의 숫자를 채우고, 신약은 "전도로" 복음을 증가하여 하늘의 숫자를 채운다는 겁니다. 한 영혼을 주님께로 돌아오게 하여 그 숫자를 통해서 천국의 새 예루살렘을 맞춰 나가는 사람은 허다한 죄가 덮여져 버립니다. "생육하라 번성하라"에 복이 걸려있는 겁니다.

그래서 전도하는 자에게 하나님이 복을 걸어놓은 겁니다. 새 예루살렘과 관계성이 있는 곳에 복이 있는 겁니다. 이승만에게도 하늘의 설계도가 보였습니다. 이승만이 1942년에 '미국의 소리'에서 연설한 겁니다.

나는 이승만입니다.

미국 워싱턴에서 해내 해외에 산재한 우리 2천3백만 동포에게 말합니다. 어디서든지 내 말 듣는 이는 자세히 들으시오. 들으면 아시려니와 내가 말하는 것은 제일 긴요하고 제일 기쁜 소식입니다. 자세히 들어서 다른 동포에게 일일이 전하시오. 또 다른 동포를 시켜서 모든 동포에게

다 알게 하시오.

나 이승만이 지금 말하는 것은 우리 2천3백만의 생명의 소식이요, 자유의 소식입니다. 저 포악무도한 왜적의 철망 철사 중에서 호흡을 자유로 못하는 우리 민족에게 이 자유의 소식을 일일이 전하시오. 감옥 철창에서 백방 악형과 학대를 받는 우리 총애 남녀에게 이 소식을 전하시오. 독립의 소식이니 곧 생명의 소식입니다.

왜적이 저희 멸망을 재촉하느라고 미국의 준비 없는 것을 이용해서 하와이와 필리핀을 일시에 침략하여 여러 천 명의 인명을 살해한 것을 미국 정부와 백성이 잊지 아니하고 보복할 결심입니다. 아직은 미국의 몇 가지 관계로 하여 대병을 동하지 아니하였으매 왜적이 양양자득하여 온 세상이 다 저희 것으로 알지만은 얼마 아니해서 벼락불이 쏟아질 것이니 일황 히로히토의 멸망이 멀지 아니한 것은 세상이 다 아는 것입니다.

우리 임시정부는 중국 중경에 있어 애국 열사 김구, 이시영, 조완구, 조소앙 제씨가 합심 행정하여 가는 중이며, 우리 광복군은 이청천, 김약산, 유동열, 조성환 여러 장군의 지휘하에서 총사령부를 세우고 각방으로 왜적을 항거하는 중이니, 중국 총 사령장 장개석 장군과 그 부인의 원조로 군비, 군불을 지배하여 정식으로 승인하여 완전한 독립국 군대의 자격을 가지게 되었으며, 미주와 하와이와 멕시코와 쿠바의 각지의 우리 동포가 재정을 연속 부송하는 중이며, 따라서 군비, 군물의 거대한 후원을 연속히 보내게 되리니, 우리 광복군의 수효가 날로 늘 것이며 우리 군대의 용기가 날로 자랄 것입니다.

고진감래가 쉬지 아니하나니 37년을 남의 나라 영지에서 숨겨서 근거를 삼고, 얼고 주리며 원수를 대적하던 우리 독립군이 지금은 중국과 영 미국의 당당한 연맹군으로 왜적을 타파할 기회를 가졌으니 우리 군인의 의기와 용맹을 세계에 드러내며 우리 민족의 정신을 천추에 발포할 것이 이 기회에 있다 합니다. 우리 내지와 일본과 만주와 중국과 서백리아 각처에 있는 동포들은 각각 행할 직책이 있으니 왜적의 군기창은 낱낱이 타파하시오.

왜적의 철로는 일일이 타상하오. 적병의 지날 길은 처처에 끊어 버리시오. 언제든지 어디서든지 할 수 있는 경우에는 왜적을 없이 해야만 될 것입니다. 이순신, 임경업, 김덕령 등 우리 역사의 열렬한 명장, 의사들의 공훈으로 강포 무도한 왜적을 타파하여 저의 섬 속에 몰아넣은 것이 역사에 한두 벌이 아니었나니, 우리 민족의 용기를 발휘하는 날은 지금도 또다시 이와 같이 할 수 있을 것입니다.

내지에서는 아직 비밀히 준비하여 숨겨 두었다가 내외

의 준비가 다 되는 날에는 우리가 여기서 공포할 거이니 그제에는 일시에 일어나서 우리 금수강산에 발붙이고 있는 왜적은 일제히 함몰하고야 말 것입니다.

내가 워싱턴에서 몇몇 동포와 미국 친구 친우들의 도움을 받아 미국 정부와 교섭하는 중이매 우리 임시정부의 승인을 얻은 날이 가까워 옵니다. 승인을 얻는 대로 군비 군물의 후원을 얻을 것입니다. 그러므로 이 희망을 가지고 이 소식을 전하니 이것이 즉 자유의 소식입니다.

미국 대통령 루스벨트 씨의 선언과 같이 우리의 목적은 왜적을 파한 후에야 말 것입니다. 우리는 백배나 용기를 내야 우리 민족성을 세계에 한번 표시하기로 결심합시다. 우리 독립의 서광이 비치나니 일심 합력으로 왜적을 파하고 우리 자유를 우리 손으로 회복합시다.

나의 사랑하는 동포여, 이 말을 잊지 말고 전파하며 준행하시오. 일후에 또 다시 말할 기회가 있으려니와 우리의 자유를 회복할 것이 이 때의 우리의 손에 달렸으니, 분투하라! 싸워라! 우리가 피를 흘려야 자손만대의 자유 기초를 회복할 것이다. 싸워라! 나의 사랑하는 2천3백만 동포여!

당시 임시정부 주미외교위원장이었던 이승만이 '얼마 아니해서 벼락불이 쏟아질 것'이라고 한 것은 바로 원자폭탄을 말한 겁니다. 이승만은 원자폭탄을 이미 알고 있었던 겁니다. 그렇게 하늘의 설계도를 따라 세운 나라가 바로 대한민국인 겁니다. 왜적을 파할 것이라는 확신을 가지고 있었습니다. 이런 믿음이 있는 것은 이승만이 하늘의 설계도를 봤기 때문입니다.

천지창조 때 세상

성경에는 태초에 하나님이 천지를 창조하실 때의 세상을 "혼돈, 공허, 흑암"이라고 이야기합니다.

창세기 1장 2절을 읽어봅시다.

"땅이 혼돈하고 공허하며 흑암이 깊음 위에 있고 하나님의 신은 수면에 운행하시니라"(창 1:2).

"혼돈, 공허, 흑암." 이 세 단어는 사탄이 가지고 노는 단어입니다. 사람 속에 악령이 들었다는 겁니다. 악령이 든 사람 속에는 "혼돈, 공허, 흑암" 세 가지 현상을 일으킵니다. 세 가지 현상이 사라지기 위해서는 예수가 여러분 속에 들어가야 됩니다.

먼저 '혼돈'에 대해서 살펴보겠습니다. 하나님은 사람을 3대 공동체에 살도록 만들었습니다. **"가정, 교회, 국가."** 이렇게 3대 질서 속에 살도록 만들어 놨습니다. 그러니까 예수가 사람 속에 안 오면 인간은 혼돈에 빠져 살 수밖에 없습니다.

혼돈에 빠진 사람이 가는 곳마다 혼돈하게 됩니다. 가정이 혼돈하고, 교회가 혼돈하고, 국가가 혼돈 가운데 빠질 수밖에 없는 겁니다. 예수가 사람 속에 들어가면, 빛이 사람 속에 임하면, 그 사람이 가는 곳마다 질서가 생깁니다. 가정에 질서가 있고, 교회에 질서가 있고, 국가에 질서가 생깁니다. **"질서에 서자."** 아멘.

두 번째는 '공허'입니다. 하나님이 사람을 만들 때부터 채울 수 없는 공간을 만들어놨습니다. 그래서 인간 속에 들어있는 이 공간은 그 어떤 것으로도 채울 수 없습니다. 지구를 집어넣어도 채우지 못합니다. 우주만물을 혼자 다 가진다고 채워질까요? 아닙니다. 사람은 끝없는 공허에 시달립니다. 사람은 태어날 때부터 '요것만 가지면, 요것만 가지고 대학만 졸업하면, 대학원 가서 박사 학위만 따면, 그다음에는 아파트 뭐 20평짜리 있으면 소원이 없겠다. 아니야 아니야. 30평에 또 40평에 또 50평, 60평, 70평', 이렇게 외치다가 죽습니다.

돈도 마찬가지입니다. '천만 원만 은행에다 넣어놓고 살면 소원이 없겠다. 아니야, 1억은 있어야 돼. 아니야, 10억은 있어야 돼.' 그렇게 10억이 있으면 여러분의 공허가 채워질까요? 아닙니다. 기업 하는 사람들 보세요. 더 많이 가지려고 합니다. 그래도 공허가 채워지지 않습니다.

그 이유는 예수가 없기 때문입니다. 그 공허 속에 예수가 들어가면, 그 공간은 꽉 차게 됩니다. 예수가 들어가는 즉시 꽉 찹니다. 아멘. 사람의 공허는 이 세상에 돈이나 환경이나 조건으로 채울 수 없습니다. 그걸 채울 수 있는 길은 오직 "**예수**"밖에 없습니다. 그 무엇으로도 사람은 채워지지 않습니다.

고린도후서 4장 4절을 읽어봅시다.

"그 중에 이 세상 신이 믿지 아니하는 자들의 마음을 혼미케 하여 그리스도의 영광의 복음의 광채가 비취지 못하게 함이니 그리스도는 하나님의 형상이니라"(고후 4:4).

이 세상 신이 누구입니까? 바로 마귀입니다. 마귀가 믿지 아니하는 자들의 마음을 혼미케 한다고 했습니다. 혼미라는 게 뭡니까? 정신을 잃게 만드는 겁니다. 정신을 바짝 차려야 하는데, 흐릿한 상태에서 산다는 겁니다. 멍한 상태에서 산다는 겁니다. 아무 것도 모르고 산다는 겁니다.

여러분, 계란 농장의 자동시스템을 아십니까? 닭들의 모이를 사람이 안 줍니다. 전부 자동시스템으로 줍니다. 계란을 낳으면, 계란을 줍기 위해서 안 갑니다. 계란이 자동 벨트에 내려오고 벨트를 따라서 이동합니다. 계란뿐만 아니라 다른 농장들도 전부 자동화시스템으로 하는 곳들이 많습니다. 점점 자동화시스템으로 변해갑니다.

미국의 돼지농장을 가면, 수만 마리를 키웁니다. 우리나라도 큰 돼지 농장이 있습니다. 익산에 가면, 한 농장에 4만 마리 정도를 전부 자동화시스템으로 키웁니다. 물을 먹는 것도 자동입니다. 돼지가 다 크면 도축해야 하는데, 차를 타고 다니면서 돼지 앞에 있는 문을 엽니다. 돼지 떼들이 전부 차에 탑니다. 그리고 차에서 콩을 쭉 뿌리면 돼지들이 콩을 주워 먹습니다. 콩을 컨베이어 벨트 앞까지 뿌려놓으면 돼지들은 콩을 따라 자연스럽게 컨베이어 벨트에 탑니다. 그러면 대형 차속으로 올라가고 덜커덩 소리가 납니다. 그리고 반대편에 통조림이 돼서 나옵니다.

그럼, 자기 앞에 있는 돼지가 통조림이 된 것을 보고, 콩을 따라 가야 됩니까? 아니면 도망가야 합니까? 돼지들은 이런 생각이 없습니다. 콩 하나 더 먹으려고 서로 앞으로 나아가려고 합니다. 죽음의 길인 것도 모른 채 바로 눈앞에 있는 콩에 난리법석입니다.

이게 바로 인간의 모습입니다. 인생의 선배가 죽어서 시체의 관 속에 들은 걸 보고도 오늘 돈 몇 만 원 더 벌어보려고 치열하게 경쟁하며 살아갑니다. 그렇게 가는 종착역이 관입니다. 혼미한 영인 상태인 인간은 이 사실을 모른 채 멍하게 사는 겁니다. **"멍하게 살지 맙시다."**

마지막은 '흑암'입니다. 아무 것도 보이지 않은 상태에서 사는 겁니다. 빛이 없기 때문에 무엇이 있는지, 자신이 가는 길이 죽음으로 가는 길인지 모른 채 살아가는 겁니다. 이것으로부터 해방 시켜주는 분이 바로 예수입니다.

　예수라는 빛이 들어갈 때 흑암이 물러갑니다. 공허가 채워집니다. 혼돈이 질서있게 됩니다. 빛은 "혼돈, 공허, 흑암," 이 세 가지를 모두 해결합니다.

　성경이 왜 여러분 손에 들렸는지 압니까? 성경은 이 세상을 창조하신 하나님이 이 세상에 사람으로 왔다가 십자가에 못 박혀 죽어 부활 승천하여 성령으로 와서 사람 속에 들어간 걸 이야기한 책입니다. 이게 복음의 첫 단추란 말입니다. 이걸 모르고 성경 읽으면서 뭐 역사적 교훈이나 한 개 주워 얻으려고 하면 안 됩니다. '오른뺨을 때리면 왼편도 돌려대라,' '오리를 가게 하면 십리를 가게 하라,' '속옷을 가지고자 하는 자에게 겉옷을 주라,' '원수를 사랑하라' 등 이런 교훈적인 것은 사서삼경이나 명심보감에도 다 있습니다. 성경은 그런 걸 가르치려고 하는 책이 아닙니다. 오해하지 말기를 바랍니다.

　성령이 말하는 첫 번째 주제는 하나님이 우리 속에 들어가겠다는 겁니다. 이걸 복음의 첫 단추라 그럽니다. 여러분, 이걸 받아들이실 겁니까? 그럼 이 시간 당장 "혼돈, 공허, 흑암"에서 벗어나 예수 안으로 들어갑시다. 예수가 내 속에 들어오면 "혼돈, 공허, 흑암"은 한 방에 날아가 버립니다.

　그럼, 예수가 내 속에 어떻게 들어오게 할까요? 예수가 내 속에 들어오게 하는 통로가 뭘까요? 예수가 내 속에 들어오는 통로가 바로 '입'입니다. 여러분의 입에서 **"주여"**를 부르면, 그 순간 예수가 들어옵니다. 예수가 들어오면, 내 안에 있던 사탄이 떠나갑니다. 그래서 "주여"는 사람의 영적 운명을 갈라놓는 핵심적 단어입니다. **"주여."**

여러분이 "주여" 하고 고백한 것은 보통 사건이 아닙니다. 지옥에서 천국으로 바뀌는 겁니다. 악령이 성령으로 바뀌는 겁니다. 이 "주여"란 말이 내 속에 있는 어둠이 물러가고 성령이 내게 들어오게 하는 핵심적 사건입니다. 강렬하게 한번 불러봅시다. "주여."

악령을 담고 살면, 혼돈, 공허, 흑암에 영혼이 시달리다가 철학의 3대 질문인 사람이 어디서 와서 왜 살며 죽어서 어디로 가는지 모르고 인생을 마치게 돼 있단 말입니다. 그러나 예수 그리스도를 주여 불러서 예수가 내 속에 오면, 빛이 내 속에 들어오기 때문에 그때부터 지나간 옛날 자기의 삶이 다 정돈이 됩니다.

그리고 내가 인간으로 왜 태어났는지, 이 세상에서 내가 뭘 해야 하는지, 그리고 어디로 가야하는지 알게 되는 겁니다.

성경의 원리를 알면, 하늘의 설계도를 알게 됩니다. 하늘의 설계도는 예수 그리스도입니다. 하늘의 설계도는 성령이 임하게 되면, 저절로 알게 됩니다. 하나님이 보여주셨던 것을 공명하게 됩니다. 그리고 하늘의 설계도대로 예수 그리스도의 재림으로 이 땅에 새 예루살렘이 구축하게 되는 겁니다. 예수 그리스도를 "주여"라고 고백할 때 우리 안에 빛이 들어옵니다. 아멘.

전광훈 목사 설교 시리즈 Light 04

성경의 원리를 알자

초판 발행 2025년 2월 20일

지은이 전광훈
펴낸곳 주식회사 뉴퓨리턴

주소 서울특별시 성북구 장위로 40다길 19, 1층 106호(장위동)
대표전화 070-7432-6248
팩스 02-6280-6314
출판등록 제25100-2023-043호
이메일 info@newpuritan.kr

ISBN 979-11-989751-7-1 03230